Égaux mais *différents*

Alexander Strauch

Égaux mais *différents*

© 2006 Publications Chrétiennes
230, rue Lupien, Trois-Rivières (Québec)
Canada G8T 6W4
publicationschretiennes.com
et
Editions Clé
2, Impasse Morel
69003 Lyon, France
www.editionscle.com

© 1994 Lewis & Roth Publishers - *Men and Women, Equal But Different* - Alexander Strauch.

Tous droits réservés.

Traduction : Lise Ferron
Éditeur : Amanda Sorenson
Couverture et mis en page : Leekfield Prestidigitators - Villeneuve le Bief Godard
Couverture édition africaine : Jean-Noël NDIBA

La College Press Publishing Company a eu l'amabilité et la gentillesse de permettre l'utilisation de nombreuses citations du livre *Gender Roles & the Bible : Creation, the Fall, & Redemption*, de Jack Cottrell. Copyright 1994.

Les versets bibliques sont tirés de la Bible Louis Segond 1910.

Library of Congress Cataloging-in-Publication Data

Strauch, Alexander, 1994-
Égaux, mais différents : une brève étude des passages bibliques sur l'homme et la femme / Alexander Strauch.
180 p. cm.
Inclut les références bibliographiques et les index.
ISBN 0-936083-16-6
1. Rôle des sexes — Aspects religieux — Chrétienté — Histoire des doctrines — Les églises du début, ca. 30-600. 2. Femmes — enseignement biblique.
3. Bible. N.T.— Critique, interprétation, etc. I. Titre.
II. Titre : Égaux, mais différents.
BT708.S84 1999
261.8'343--dc21 99-32861 CIP

ISBN Publications chrétiennes : 978-2-89082-091-3
ISBN Editions Clé : 2-906090-72-7
Dépôt légal : 3e trimestre 2006

Préface

L'un des plus grands bouleversements qu'ait connu l'histoire de l'humanité au cours de ces quarante dernières années fut sans conteste le féminisme. En référence aux mots de l'historien William Manchester, « le fait de vouloir ignorer les distinctions entre les sexes n'est pas seulement le sujet le plus révolutionnaire de notre époque, c'est aussi le plus sérieux auquel notre génération n'ait jamais été confrontée ».[1]

Tout comme le reste de la société, le christianisme s'en est trouvé affecté de manière permanente. Selon un article d'importance du magazine *Time* intitulé « La seconde réforme », les féministes religieux « pensent devoir faire face à l'un des plus grands changements historiques de la chrétienté ».[2] En réalité, ce bouleversement concernant les sexes, se produisant dans le milieu chrétien de par le monde, n'est pas un signe de « seconde réforme » (la première étant la réforme de Martin Luther qui, au seizième siècle, est revenu aux paroles de la Bible), mais celui d'un abandon radical des valeurs bibliques et apostoliques.

Parmi les croyants, la révolution sexuelle a jeté une controverse émotionnelle intense sur ce que dit la Bible quant aux rôles des hommes et des femmes. Deux grands points de vue émergent de ce débat. L'un concerne celui des féministes évangéliques (ou considération égalitariste) ; l'autre celui des non-féministes avec une position plutôt complémentariste.

Le but de ce livre est d'exposer et de défendre le dernier point de vue, à savoir la vision complémentariste. En considérant les grandes lignes de ce livre, on y verra la preuve biblique que Jésus-Christ nous a enseigné que les hommes et les femmes étaient égaux, mais différents. Sont présentés des mots clés, des arguments et les plus récentes recherches liées à la position complémentariste. Aussi ce livre se veut également être un condensé facile à lire sur tous les passages clés des Écritures fréquemment employés dans le débat sur les sexes.

Ce livre est constitué pour quatre-vingt-dix pour cent d'une argumentation basée sur les Écritures. Je mets exclusivement l'accent sur celles-ci parce que la réponse à ce débat se trouve dans la Parole de Dieu, et non dans des livres de sociologie ou d'anthropologie. De plus, « aucun facteur n'a plus d'influence sur la conduite morale et sociale [chrétienne] que la lecture régulière de la Bible ».[3] Pourtant, la méconnaissance biblique prend des proportions alarmantes parmi les croyants d'aujourd'hui,[4] et une autorité bien connue en la matière prédit un déclin toujours plus grand de la lecture des Saintes Écritures.[5] Alors que la voix de la société séculière postmoderne se fait de plus en plus forte et attirante, il est essentiel que les croyants entendent clairement la voix de Dieu à travers sa Parole pour pouvoir tenir ferme contre l'influence envahissante de ce mouvement.

Je prie de tout cœur afin que vous puissiez considérer la place de choix qui est offerte à la Bible, car il s'agit là de la partie la plus importante de ce livre. L'étude de la Parole de Dieu devrait toujours être passionnante pour un croyant. Notre Seigneur aimait la Parole de Dieu et la citait avec une pleine autorité lorsqu'il avait à faire face aux jugements et à la controverse. Comme l'a dit avec justesse un érudit biblique en parlant de la personne de Jésus, notre Seigneur :

> Nous pouvons dire, en toute révérence, que Jésus-Christ est comme saturé de l'Écriture… Le dixième de ses paroles est tiré de l'Ancien Testament. Sur 1 800 versets qui rapportent ses discours dans les quatre Évangiles, 180 sont des citations ou des allusions à la révéla-

tion écrite. Si l'on nous reproche de citer constamment des versets de l'Écriture, que dire de Christ qui les a sans cesse à la bouche ?[6]

Ce livre s'adresse à tous ceux pour qui les passages bibliques relatifs à la masculinité et la féminité ne sont pas connus et qui ne seraient pas enclins à entamer un livre volumineux sur le sujet (et il en existe tant!). Il convient particulièrement aux jeunes du secondaire et des classes supérieures ou à quiconque désire une vue d'ensemble de tous les passages bibliques clés qui se rapportent au débat sur les sexes d'un point de vue complémentariste.

> « *Si l'on nous reproche de citer constamment des versets de l'Écriture, que dire de Christ qui les a sans cesse à la bouche ?* »
> René Pache

Pour ce qui est de l'identité spirituelle de mes lecteurs, je tiens pour acquis qu'ils ont accepté la seigneurie de Jésus-Christ dans leur vie et qu'ils croient que la Bible est la Parole écrite de Dieu, l'autorité inhérente et divine en ce qui a trait à la doctrine et la vie chrétiennes. Comme le dit si bien la Bible d'elle-même :

Toute Écriture est inspirée de Dieu [littéralement insufflée par Dieu], et utile pour enseigner, pour convaincre, pour corriger, pour instruire dans la justice, afin que l'homme de Dieu soit accompli et propre à toute bonne œuvre (2 Ti 3.16-17).

Questions d'approfondissement

1. Quelles sont vos principales questions ou préoccupations concernant le débat sur les sexes ?
2. Identifiez le thème principal de ce livre, ce que l'auteur cherche à prouver à partir de l'Écriture.
3. Qu'enseignent les textes bibliques suivants sur l'attitude de Jésus-Christ envers les Saintes Écritures et sur son opinion quant à elles ?
   - *Matthieu 4.1-11 ; 5.18 ; 15.3, 4, 6*
   - *Luc 18.31 ; 24.25-27, 32, 44*
   - *Jean 10.34, 35*
4. Quelle attitude Actes 17.11 suggère à un croyant par rapport aux sujets contreversés et l'utilisation des Écritures à cet égard ?
5. À quelle preuve voyez-vous que « la méconnaissance biblique abonde en proportions alarmantes parmi les croyants d'aujourd'hui ? »
6. Si la méconnaissance biblique continue à gagner du terrain, quelles peuvent en être les conséquences pour nos Églises ?

La controverse

Tom, un étudiant de première année à une université chrétienne bien connu, m'arrête après la réunion d'Église, un certain dimanche, et se confie : « Je suis vraiment embarrassé au sujet du rôle des hommes et des femmes dans l'Église ».
« Pourquoi ? » demandai-je.
« Certains de mes professeurs disent que Dieu a fait hommes et femmes égaux et que les rôles traditionnels des uns et des autres se veulent être un mythe, une interprétation simpliste de la Bible. D'autres enseignants disent que la Bible nous dévoile l'égalité ainsi que les différences de rôle des sexes. »
« Eh bien, dis-je en souriant, bienvenue dans le débat sur les sexes. J'y ai été fortement impliqué au début des années soixante-dix. Avec l'âge, j'ai trouvé un intérêt propre à suivre ce débat, particulièrement parmi les Églises évangéliques. En fait, c'est un sujet qui continue à susciter de l'attention et qui fait encore couler beaucoup d'encre. Un sujet délicat ! »
« Que dois-je faire ? » demanda-t-il.
« À quel point cela te préoccupe-t-il ? » répondis-je.
« Beaucoup » insista-t-il.

« Pourquoi donc ? »

« Parce que j'aimerais savoir ce que Dieu voudrait que je fasse. Que dit la Bible sur le sujet ? »

« Bravo, Tom ! Je suis heureux d'entendre que tu veuilles connaître ce que la Bible, la Parole de Dieu, enseigne à ce propos. Étudions-la ensemble si cela te dit. Je vais de ce pas te montrer pourquoi j'en suis venu à croire que la Bible enseigne que Dieu a fait hommes et femmes égaux mais toutefois différents. »

Le débat sur les sexes n'est pas une controverse abstraite, impersonnelle, doctrinale. Cela touche directement notre côté humain, notre identité sexuelle, nos ministères possibles, le lien du mariage, la vie de famille et la vie dans l'Église locale. Il soulève des questions fondamentales sur l'équité et la justice, l'influence de la culture séculière sur la pensée chrétienne, les bonnes méthodes d'interprétation de la Parole de Dieu, la direction de nos Églises et notre foi en la Parole de Dieu. C'est une controverse chargée d'émotions qui divise les Églises et les dénominations à travers le monde entier.

Comme mon jeune ami l'a découvert, on ne peut éviter le sujet. Et il ne faudrait pas chercher non plus à l'éviter. Cela est trop important. Le débat sur les sexes défie notre réflexion et nos croyances fondamentales, ce qui est une bonne chose. De tels sujets de polémique amènent les croyants les plus sérieux à réfléchir de manière assidue, ce qui les conduit immanquablement à étudier davantage la Parole de Dieu.

Par exemple, lorsque j'avais 18 ans, deux témoins de Jéhovah avaient vraiment ébranlé ma foi. Ils m'ont fait réfléchir sur mes croyances quant à la divinité de Christ. Ils me lançaient des questions auxquelles ni moi, ni personne à ma connaissance ne pouvait répondre. Par la prière, et en lisant tout ce que je pouvais trouver sur le sujet, aussi en étudiant l'Écriture de façon assidue et sérieuse, j'ai finalement pu répondre à leurs questions à partir de la Bible. Le défi qu'ils m'avaient lancé a fait en sorte que ma foi s'affermisse et que ma capacité de recherche dans les Saintes Écritures s'en trouve développée.

Bien que le débat sur les sexes ne soit pas du même niveau doctrinal que la question de la divinité de Christ, il s'agit néanmoins d'un sujet important qui nous force également à examiner les croyances auxquelles nous tenons fermement et à découvrir ce que la Bible dit vraiment en la matière.

Les croyants adoptent habituellement l'une des deux positions concernant le débat sur les sexes. L'une de ces positions est la vision complémentariste, qui est la vision non féministe. Elle est également appelée vision traditionnelle ou hiérarchique. L'autre position est la vision féministe évangélique ou égalitariste. Elle est aussi appelée féminisme biblique, égalitarisme biblique ou égalité biblique. La plupart des gens qui optent pour la vision complémentariste considèrent leur vision comme étant biblique. Mais comme les partisans des deux philosophies prétendent détenir la position biblique, j'emploierai les mots *complémentariste* et *féministe évangélique* pour distinguer les deux grandes interprétations.

La vision complémentariste

La vision complémentariste enseigne que Dieu a créé hommes et femmes égaux avec des rôles différents définis pour chacun des sexes. Les érudits ont choisi le terme *complémentariste* afin de mettre l'accent sur l'égalité de ceux-ci et les différences harmonieuses observées entre les hommes et les femmes. Selon cette position, Dieu a créé hommes et femmes à son image divine. Ils sont entièrement égaux en tant qu'individu, autant en dignité qu'en valeur (Ge 1.26-28). De plus, les complémentaristes affirment que tous les croyants en Jésus-Christ, homme ou femme, sont baptisés, ont reçu des dons de l'Esprit, sont des sacrificateurs et sont pleinement membres du corps de Christ. Par conséquent, ils devraient se servir en totalité de leurs dons spirituels et grandir dans leur foi jusqu'à pleine maturité.

Selon la vision complémentariste, il est également vrai que Dieu a créé hommes et femmes pour être différents et remplir des rôles distincts. Dieu a conçu l'homme pour être le mari, le père, le pourvoyeur, le protecteur. Il doit être le chef de la famille et diriger l'Église. Dieu a conçu la femme pour être l'épouse, la mère, la nourrice. Elle doit activement aider l'homme et se soumettre à son autorité. Dieu a conçu ces différences dès la création. La Bible emploie les termes clés *tête*, *aide* et *soumission* pour décrire ces différences, lesquelles sont voulues par notre souverain Créateur pour sa création, faite à son image. Si nous désirons reproduire parfaitement ce qu'enseigne la Bible sur les sexes, il faut reconnaître ces deux vérités, à savoir l'égalité et les différences de rôle, et les équilibrer. Lorsqu'elles sont bien comprises et pratiquées, ces attributions donnent aux sexes masculin et féminin une dimension divine et enrichissent merveilleusement la vie familiale ainsi que l'Église locale. Dieu désire profondément que les différences relatives à l'ordre naturel ne soient pas minimisées ou floues. Elles demeurent fondamentales pour notre identité sexuelle en tant qu'homme et femme et il est conseillé de mieux les comprendre et les développer selon la perspective des Écritures.

Ceux qui adoptent la vision complémentariste admettent que celle-ci reflète davantage l'enseignement clair, littéral et franc de la Bible quant aux attributs humains. De plus, les différences de rôle sont clairement enseignées et sans cesse reprises et pratiquées par Jésus-Christ et ses apôtres.

> *Si nous désirons reproduire parfaitement ce qu'enseigne la Bible sur les sexes, il faut affirmer ces deux vérités, à savoir l'égalité et les différences de rôle, et les équilibrer.*

Cette vision représente également l'interprétation historique appliquée par les Églises et les enseignants chrétiens au cours des deux mille ans passés, même si parfois elle fut comprise et pratiquée de manière imparfaite.

Malgré ce que Dieu avait conçu pour qu'hommes et femmes aient des relations harmonieuses, la chute de l'homme, à cause du péché, qui est racontée dans Genèse 3, a créé la guerre des sexes. Hommes et femmes pécheurs ont corrompu le plan que Dieu avait conçu pour leur relation, et les conséquences, particulièrement pour les femmes, furent désastreuses. Malgré cela, en tant que chrétiens, croyants et croyantes peuvent redécouvrir, comprendre et pratiquer le plan de Dieu en fonction des attributs qui leur sont propres.

Une organisation d'importance qui représente la position complémentariste

Elle est représentée par une organisation connue sous le nom de Council for Biblical Manhood and Womanhood (CBMW), fondée en 1987. Leur charte est le *Danvers Statement*. CBMW publie également le *Journal for Biblical Manhood and Womanhood*. Pour obtenir plus d'informations sur cette organisation et ses publications, vous pouvez écrire à CBMW, P.O. Box 7337, Libertyville, IL. 60048. Site web : www.cbmw.org

La vision féministe évangélique

Les féministes évangéliques enseignent que Dieu a créé hommes et femmes égaux, à l'image de Dieu. Aussi concluent-ils qu'une vraie égalité veut dire des ministères égaux pour les deux sexes. Ils croient que la soumission de la femme au sein du mariage et les restrictions des femmes quant au ministère chrétien ne sont pas cohérentes avec la véritable image d'égalité qu'offre la Bible. Ils considèrent la doctrine « égaux, mais différents », enseignée par les complémentaristes, comme contradictoire en ses termes.

Toujours selon la vision féministe, l'égalité biblique voudrait qu'hommes et femmes soient des partenaires à part entière et de manière égale dans la vie. Le concept de soumission et de responsabilités mutuelles définit la relation entre hommes et femmes dans le mariage ainsi que dans l'Église. Ils sont libres d'exercer dans la communauté chrétienne les dons qu'ils possèdent. Les hommes n'ont pas un rôle unique d'autorité et de direction du simple fait de leur sexe. L'autorité et l'enseignement dans l'Église doivent être déterminés par les dons et les compétences spirituels, et non par le sexe.

Cette vision reconnaît qu'hommes et femmes ne sont pas identiques. Il est bien de profiter des différences sexuelles et autres entre hommes et femmes mais non de les exagérer. Le sexe d'une personne ne détermine pas son statut ou son rôle dans la vie, pas plus qu'il n'en limite les dons spirituels et les ministères qu'elle peut occuper. Une femme qui a reçu de Dieu le don d'enseigner et de diriger l'Église a le droit d'avoir une opportunité égale à celle de l'homme pour exercer ses dons. Ceux qui adoptent cette vision considèrent les énoncés de la Bible se rapportant à la direction et la soumission comme ayant été extrêmement mal interprétés par les générations passées de chrétiens. Ils croient que l'interprétation simpliste, littérale et traditionnelle des Écritures déforme l'enseignement biblique sur l'égalité des sexes.

> *Selon les féministes évangéliques, le sexe d'une personne ne détermine pas son statut ou son rôle dans la vie, pas plus qu'il n'en limite les dons spirituels et les ministères qu'elle peut occuper.*

Par conséquent, les femmes auraient été sujettes à la discrimination et leurs dons et services auraient été tout bonnement gâchés. De plus, ils croient que la domination des hommes sur les femmes est le résultat du péché dès l'origine, tel que relaté dans Genèse 3. Selon eux, l'œuvre de Christ à la croix restaure l'égalité première des sexes qui est constatée dans Genèse 2 parce qu'en Christ « il n'y a plus ni homme ni femme » (Ga 3.28).

Une organisation d'importance qui représente la position féministe évangélique

Elle est représentée principalement par une organisation portant le nom de Christians for Biblical Equality (CBE). Leur charte est *Men, Women & Biblical Equality*. Pour obtenir plus d'informations sur cette organisation, vous pouvez écrire à : CBE, 122 West Franklin Avenue, Suit 218, Minneapolis, MN, 55404. Site web : http://www.ChrBibEq.org www.cbeinternational.org

Jésus-Christ et le sexisme

Il n'existe personne qui aimant sincèrement l'espèce humaine, étant sensible à la Parole de Dieu, et étant profondément conscient de l'indescriptible déshumanisation dont ont été victimes les femmes (souffrance d'ailleurs toujours présente), voudrait encourager la discrimination envers les femmes (voir le résumé intitulé « La guerre faite aux femmes » à la fin de ce chapitre). Pécher contre les femmes, c'est pécher contre Dieu à l'image duquel la femme a été créée.

Pourquoi alors, toute personne intelligente, réfléchie, sensible, et croyante, oserait témoigner en faveur des distinctions de rôle entre les sexes ? La réponse est simple : Jésus-Christ a enseigné qu'hommes et femmes étaient égaux, mais différents. Bien qu'il ait enseigné et pratiqué les distinctions de rôle basées sur le sexe, Jésus-Christ a traité toutes les femmes, même celles qui étaient considérées comme les rebuts de la société, avec dignité (Lu 7.36-50). Il a communiqué le message de l'Évangile aux femmes avec amour et compassion. En retour, les femmes l'ont suivi et se sont attachées à lui. Elles se sentaient libres de l'approcher.

En tant que croyants, il ne nous viendrait jamais à l'idée d'accuser Jésus-Christ de pécher envers les femmes ou de le traiter de machiste. Lui seul est parfait dans l'absolu ; nous, par contre, sommes imparfaits. Il est Dieu fait chair, la Vérité incarnée. Il est le point de référence par excellence, la Parole finale. Sur la croix, Jésus a souffert pour les péchés commis par les hommes envers les femmes, et pour ceux des femmes envers les hommes. Il a porté ces péchés en son corps sur la croix. Ainsi, l'Évangile offre pardon et guérison pour les cruelles injustices qu'hommes et femmes ont commises les uns envers les autres.

Et pourtant, Jésus-Christ a appliqué les distinctions de rôle entre les sexes en désignant une direction masculine pour son Église. Dans notre empressement à vouloir corriger les terribles torts commis envers les femmes, il faut faire attention à ne pas porter atteinte à la vérité de la Parole de Dieu et au plan de Dieu à l'égard des sexes. Il ne faut pas oublier que Dieu a créé les distinctions de rôle des hommes et des femmes afin que l'homme et la femme se complètent parfaitement l'un l'autre et exercent différentes fonctions au sein de la société.

Son intention quant aux rôles distinctifs des deux sexes est bonne et juste.

En dépit de la bonne intention de Dieu relative aux distinctions faites pour les deux sexes, le péché a corrompu ces particularités et en a fait une cause de discrimination et d'abus. La seule solution de la société séculière face à la discrimination fondée sur le sexe est de déclarer qu'il y a égalité entre les deux sexes. Pour beaucoup, dans notre société, l'égalité des sexes est un fait incontesté, comme la gravité terrestre. Toute option autre que l'égalité est incompréhensible à l'intelligence moderne. Mais Jésus-Christ a enseigné une autre option : Dieu a créé l'homme et la femme avec une dignité égale, mais les a cependant créés pour remplir des rôles bien distincts. Pour un croyant, ce que dit Jésus-Christ détermine ce qui est bien ou mal. Il définit ce qu'est la discrimination et quel est l'ordre approprié entre les sexes. Ce n'est pas la société séculière qui doit les déterminer pour nous.

Jésus-Christ a la solution pour notre monde confus quant aux spécificités des deux sexes. Le mal perpétué contre les femmes ne provient pas de l'enseignement ou de la pratique de Jésus. Il est le résultat du péché dans le cœur humain et, de façon plus large, fait partie de la cruauté de la race humaine envers elle-même. Pour paraphraser Jésus, les mauvaises pensées, les meurtres, les adultères et les impudicités sortent du cœur de l'homme (Mc 7.23).

> *Dans notre empressement à vouloir corriger les terribles torts commis envers les femmes, il faut faire attention à ne pas porter atteinte à la vérité de la Parole de Dieu et au plan divin à l'égard des sexes.*

Une plaidoirie

Je voudrais que ceux qui sont indécis quant à l'enseignement de la Bible sur les sexes sachent que les complémentaristes désirent profondément que toutes les femmes soient traitées avec justice et dignité. Nous dénonçons le machisme et l'abus des femmes. Nous sommes conscients que certains théologiens chrétiens, maris et des Églises ont mal employé la Bible pour dire des choses dégradantes au sujet des femmes et commettre des crimes contre elles, ce dont nous avons honte. Mais comme vous le verrez dans ce livre, *l'amour chrétien* ajoute un aspect divin harmonieusement bénéfique pour les différences de rôle entre hommes et femmes croyants.

J'espère que vous en viendrez à réaliser que même si des hommes et des femmes pécheurs ont mal compris la doctrine de direction et de soumission, et en ont abusé, la doctrine elle-même prend sa racine dans la sagesse et l'amour de Dieu. Lorsqu'elle est appliquée avec amour, elle reflète le plan de Dieu pour les sexes.

> *Ce que dit Jésus-Christ détermine ce qui est bien ou mal. Il définit ce qu'est la discrimination et quel est l'ordre approprié entre les sexes. Ce n'est pas la société séculière qui doit les déterminer pour nous.*

Nous, les complémentaristes, tenons à ce point de vue non parce que nous voulons maintenir des traditions archaïques et légalistes, ou une suprématie masculine. Nous y tenons plutôt parce que nous croyons que Jésus-Christ a enseigné l'égalité des sexes ainsi que les distinctions de rôle selon les sexes.

Les traditions humaines peuvent aveugler l'intelligence des meilleures personnes. Jésus-Christ lui-même a été mis à mort par des gens religieux qui avaient placé les traditions d'hommes légalistes avant la Parole de Dieu. Pour les complémentaristes, la question des sexes est dans la continuité du « ainsi dit le Seigneur ». Nous croyons dans les distinctions de rôle parce que la Bible les enseigne, et la Bible est la Parole de Dieu.

La guerre faite aux femmes

Bien que dans certains pays la condition des femmes ait fait d'énormes progrès, « une très grande partie du monde s'acharne encore contre les femmes ».[7] Lors de la conférence mondiale sur les droits de l'homme de 1993, il a été déclaré qu'il y avait une épidémie mondiale de violence à l'égard des femmes.[8] Alors qu'il s'adressait à l'Assemblée générale des Nations Unies, le Secrétaire général Kofi Annan a fait remarquer que « la violence faite aux femmes est devenue la violation des droits humains la plus répandue, sans égard à la géographie, à la culture ou aux richesses ».[9]

Selon le rapport des Nations Unis pour le développement humain de 1993, « aucun pays ne traite ses femmes aussi bien que ses hommes. »[10] Les femmes du monde entier ont un niveau de pauvreté plus grand que les hommes. Deux tiers des illettrés du monde entier sont des femmes.[11] Dans plusieurs parties du monde, les femmes se voient refuser les droits humains les plus élémentaires. Elles sont réduites à des emplois inférieurs, sont sous-payées, surchargées de travail, et subissent la discrimination. Même dans les sociétés modernes, développées, le divorce confie aux femmes la responsabilité primaire de s'occuper des enfants et les laisse habituellement dans une plus grande pauvreté que leurs ex-maris.

La violence sexuelle faite aux jeunes filles, le viol, et la violence faite aux femmes augmentent de façon alarmante à travers le monde et beaucoup de ces faits ne sont pas rapportés.[12] Aux Philippines, en Thaïlande, aux Indes, la prostitution obligée de jeunes filles n'est presque pas réprimée ; il existe une industrie croissante transnationale, l'esclavage de fillettes. Aux Indes (particulièrement dans le nord de l'Inde), des épouses sont encore brûlées (lors du décès de leur mari), et plus de neuf milles femmes mariées sont tuées chaque année par leurs maris ou la belle-famille qui cherche une autre dot.[13] Dans diverses parties de l'Afrique, les jeunes filles sont obligées de subir une mutilation génitale (excision), en partie pour modérer leur désir sexuel futur. De plus, l'explosion de la pornographie qui perdure à travers le monde dégrade toutes les femmes parce qu'elle imprime vivement dans les esprits des hommes le fait que la valeur d'une femme se trouve premièrement dans le sexe.

En Afghanistan, la répression des femmes défie tout entendement. Les femmes se voient refuser l'accès à l'enseignement et aux soins médicaux de base. Elles ne peuvent même pas se rendre en public sans la présence à leurs côtés d'un membre masculin de leur famille et doivent être complètement couvertes de la tête aux pieds. Les militants islamiques menacent de mort les femmes qui dénoncent des injustices. La situation est telle qu'on lui a donnée le nom d'« apartheid des sexes ».

L'ultime violence faite aux femmes et le mépris qui leur est exprimé se trouvent toutefois encore plus présents dans la pratique de l'infanticide des filles et de l'avortement en fonction du sexe. La technologie moderne permet aux parents des pays du Tiers monde, comme la Chine et l'Inde, de pouvoir connaître le sexe d'un fœtus afin de supprimer les fillettes non désirées. Par choix, les mâles sont plus nombreux dans ces pays, créant ainsi un manque important de femmes pour les hommes. On estime qu'en Asie du Sud et de l'Est, en raison de l'infanticide, du haut taux de mortalité maternelle, et du manque de nourriture et de soins, il « manque quelque 100 millions de femmes ».[14] De telles statistiques devraient nous faire pleurer. Pour emprunter les mots du magazine *Time*, « il se trouve peu d'endroits sur terre où les femmes sont bien traitées ».[15]

Que nous soyons égalitaristes ou complémentaristes, nous pouvons nous entendre pour dire qu'il faut dénoncer ces terribles injustices faites aux femmes et travailler à les éradiquer.

Questions d'approfondissement

1. Pourquoi est-il si important pour un croyant de bien comprendre la controverse qui existe quant aux rôles respectifs des deux sexes ? En quoi ce débat vous touche-t-il personnellement ?
2. Où comptez-vous puiser pour répondre à ces questions ? Et pourquoi ?
3. Que veut dire machisme ? Aidez-vous d'un dictionnaire pour pouvoir répondre à cette question.
4. Que veut dire le mot égalitariste ? Même démarche que ci-dessus.
5. En une phrase ou deux, résumez la position complémentariste.
6. Résumez de la même manière la position féministe évangélique.
7. Pourquoi le féminisme évangélique est-il devenu si populaire parmi les croyants d'aujourd'hui ? Quel est son attrait ?
8. Les femmes, souffrent-elles d'une discrimination honteuse de la part des complémentaristes tout simplement par le fait que ceux-ci attribuent des différences de rôle entre hommes et femmes ? Si non, pourquoi la subissent-elles ?
9. Comment l'information contenue dans l'encart « La guerre faite aux femmes », peut-elle influencer votre réflexion sur la question des sexes ?
10. Qu'avez-vous appris de nouveau dans ces deux sections ? De quelle manière cette information vous aide-t-elle à définir votre pensée et vos actions ?

Chapitre 1

Jésus Christ nous ramène à la création

« Commençons notre étude », fit Tom.
« Et bien soit ! » répondis-je.
« Par où commençons-nous ? » demanda-t-il.
« Là où Jésus a commencé. »
« Jésus-Christ ? »
« Oui, Jésus a dit en Jean 13.13 : "Vous m'appelez Maître et Seigneur ; et vous dites bien, car je le suis." Nous nous tournons vers Jésus-Christ parce qu'il est justement notre Seigneur et Maître. C'est lui qui dirigera nos pas dans cette étude. Il nous montrera par où commencer. »
« C'est-à-dire ? »
« Dans l'Ancien Testament, Jésus nous ramène au récit de la création, dans Genèse 1 et 2 ; c'est donc là que nous allons démarrer nos recherches. »
« Comment sait-on que Jésus débute à cet endroit de la Bible ? » demanda Tom.
« Lorsque les Pharisiens ont interrogé Jésus sur le sujet récurrent du divorce, il les a ramenés aux propos tenus dans les premier et deuxième chapitres de la Genèse. En fait, il a cité plus exactement Ge-

nèse 1.27 et 2.24 comme étant la source faisant autorité en la matière. Lisons le récit de Matthieu 19.3-5. »

Les Pharisiens l'abordèrent [Jésus], et dirent, pour l'éprouver : « Est-il permis à un homme de répudier sa femme pour un motif quelconque ? » 4 Il répondit : « N'avez-vous pas lu que le créateur, au commencement, fit l'homme et la femme 5 et qu'il dit : C'est pourquoi l'homme quittera son père et sa mère, et s'attachera à sa femme, et les deux deviendront une seule chair ? »

Lorsqu'il répondit aux pharisiens sur la question du divorce, Jésus déclara : « au commencement, il n'en était pas ainsi » (Mt 19.8). Les pharisiens n'avaient pas compris l'intention originelle de Dieu à l'égard des différences et du mariage. C'est pourquoi Jésus les invite à revenir sur le « commencement ».

> ***Jésus-Christ, Pierre et Paul ont confirmé la véracité de la Genèse et y basèrent leur enseignement quant à la volonté de Dieu pour les deux sexes.***

C'est en revenant sur le récit de la création, dans la Genèse, qui est la Parole de Dieu, qu'ils mirent en lumière le plan normatif du Créateur quant au mariage.

Il en est ainsi de nos jours. Si nous voulons comprendre la volonté de Dieu pour les hommes et les femmes, nous devons suivre l'exemple de Christ. Lorsque Jésus et ses ambassadeurs, les apôtres Pierre et Paul, voulurent reprendre le plan original conçu pour le mariage et les deux sexes, ils se servirent de la Genèse, le livre des « commencements ». Stephen B. Clark, dans son volumineux ouvrage intitulé *Man and Woman in Christ*, souligne l'importance de ce point :

> « D'autres auteurs du Nouveau Testament, particulièrement Paul, suivirent la trace de Jésus. La plupart des passages importants sur les rôles homme-femme dans le Nouveau Testament se réfèrent soit explicitement, soit implicitement aux trois premiers chapitres de la Ge-

nèse… Il n'est pas possible de comprendre ce qu'enseigne le Nouveau Testament sur les hommes et les femmes sans en comprendre le fondement spécifié dans la création d'Adam et Ève et le but de Dieu tel qu'il a été révélé dans la création de la race humaine. »[16]

Étant donné que Jésus-Christ, Pierre et Paul ont confirmé la véracité de la Genèse et y basèrent leur enseignement quant à la volonté de Dieu pour les deux sexes, nous verrons brièvement trois passages essentiels, des passages fondateurs : Genèse 1.26-28 ; Genèse 2.7-25 et Genèse 3.1-19.

Genèse 1 : créés égaux à l'image de Dieu

Dans le monde antique, le récit de la Genèse de la création de l'homme et de la femme se veut vraiment unique. Il n'est pas altéré par les religions païennes polythéistes du Proche-Orient antique. Selon le texte de la Genèse, il n'y a qu'un seul Dieu qui créa toutes choses par sa Parole. Hommes et femmes, il les créa spécialement dans le seul but de porter son image et le représenter sur la terre. La déclaration de Moïse sur l'égalité des sexes était radicale pour son temps ; la femme, autant que l'homme, portait le sceau de l'image divine de Dieu. Le premier homme attacha beaucoup d'importance à la première femme et il l'aima. Elle n'était ni sa propriété ni son esclave.

Aussi familiers qu'ils semblent l'être, ne passez pas trop vite sur ces passages extraordinairement profonds et théologiquement substantiels des Écritures. Lisez soigneusement les versets suivants dans Genèse 1.26-28 :

*Puis Dieu dit : « Faisons l'homme [en hébreu : **adam**, qui signifie **homme** et qui sous-entend les termes de "race humaine"] à notre image, selon notre ressemblance, et qu'il domine sur… toute la terre ». 27 Dieu créa l'homme à son image, il le créa à l'image de Dieu, il créa l'homme et la* *femme.* 28 *Dieu les bénit, et Dieu leur dit:* « *Soyez féconds, multipliez, remplissez la terre, et l'assujettissez; et dominez sur... tout animal qui se meut sur la terre* ».

Remarquez les faits suivants :

Dieu créa la race humaine sexuée

Dieu créa deux êtres humains sexuellement différents, l'homme et la femme. Il créa la sexualité et dit que cela était bon. Dieu n'était pas obligé de créer des êtres humains différents, c'est-à-dire des hommes et des femmes. Il aurait pu créer des femmes ayant la capacité de se reproduire par elles-mêmes. Il n'était pas obligé de créer des hommes. Mais Dieu avait des buts spécifiques à l'esprit lorsqu'il créa ces deux êtres humains sexuellement différents. Un de ces buts était d'enseigner à son peuple des vérités spirituelles concernant sa relation avec eux, particulièrement par l'image de l'union en une seule chair de deux personnes différentes au sein du mariage (voir Ép 5.29-32).

Le fait que l'homme et la femme portent chacun en leur for intérieur l'image de Dieu démontre bien qu'ils sont égaux en dignité et en tant que créatures.

Dieu créa l'homme et la femme à son image

Dieu imprima son image divine et sa ressemblance sur l'homme et la femme de manière individuelle. Les deux, homme et femme, portent l'image du seul vrai Dieu. Noblesse, dignité et éternité les caractérisent. Ils ne sont pas comme les animaux sur lesquels ils dominent.

Le fait que l'homme et la femme portent chacun en leur for intérieur l'image de Dieu démontre bien qu'ils sont égaux en dignité et en tant que créature. Les deux sont, de façon égale, considérés nécessaires et importants dans le plan de Dieu pour la race humaine.

Dieu commanda à l'homme et à la femme de se multiplier et de dominer sur la terre.

Dieu fit de l'homme et de la femme les roi et reine de la terre. Il leur ordonna de se multiplier et de dominer sur la terre. Ces mandats trouvent leur fondement dans le fait que les deux sexes portent de façon égale l'image divine ; ils peuvent donc dominer sur la terre et donner naissance à d'autres êtres qui la porteront également. Les gens disent que « C'est un monde d'homme », mais Dieu affirme que c'est Son monde. Il créa les deux spécimens, homme et femme, comme étant des éléments nécessaires à son plan afin qu'ils dominent la terre et la remplissent.

Dieu appela la race humaine « homme »

Le verset 26 dit : « Faisons l'homme à notre image ». Le mot « homme » est utilisé ici dans le sens de la « race humaine » et non dans le sens du sexe masculin. Il est utilisé en tant que terme générique.[17] Hommes et femmes font partie de cette catégorie, à savoir celle des êtres humains.

Il est important de noter que Dieu a choisi d'utiliser le nom de l'un des deux sexes, explicitement le terme *homme*, pour désigner toute la race humaine. Dans Genèse 5.1, 2, cela est encore plus marquant : « Voici le livre de la postérité d'Adam [en hébreu : adam]. Lorsque Dieu créa l'homme [*adam*], il le fit à la ressemblance de Dieu. Il créa l'homme et la femme, il les bénit, et il les appela du nom d'*Homme* [*adam*], lorsqu'ils furent créés » (italiques pour souligner). Dieu n'a pas employé le mot *femme* en tant que terme générique pour décrire la race humaine. Il n'a pas dit : « Faisons la femme à notre image » ni « Faisons les mortels à notre image ». Il a dit « l'homme ».

Raymond Ortlund, Jr., l'un de ceux qui ont contribué à la rédaction du classique *Recovering Biblical Manhood and Womanhood*, déclare que « le fait que Dieu appelle la race "homme" suggère une autorité masculine, ce que Moïse déclarera vigoureusement au chapitre deux [de la Genèse] ».[18]

Genèse 2 : créés égaux et différents

Nous arrivons maintenant au chapitre 2 de la Genèse, un passage crucial et décisif pour notre étude. Il s'agit là d'un chapitre clé. *On ne peut comprendre toute la question du débat sur les sexes parmi les croyants sans en saisir les particularités.* Nous y voyons le fondement même sur lequel se rattachent tous les enseignements de la Bible concernant les sexes. C'est le chapitre qui est venu le premier à l'esprit de Christ et de ses apôtres pour évoquer le mariage et les différences de rôle entre hommes et femmes. Le commentateur de l'Ancien Testament, Derek Kidner, montre bien la nature essentielle des versets 18 à 25 : « Le Nouveau Testament tire la majeure partie de son enseignement sur les sexes de cet imposant paragraphe du chapitre cité, lequel est la contrepartie dynamique ou dramatique de 1.27, 28 ».[19]

> *Genèse 2 est le chapitre qui est venu le premier à l'esprit de Christ et de ses apôtres pour évoquer le mariage et les différences de rôle entre hommes et femmes.*

Genèse 2.7-24 vous prépare aux perspectives qui se trouvent dans le Nouveau Testament. Alors, lisez ce chapitre, méditez-le et maîtrisez-le. Remarquez particulièrement les versets ci-dessous :

*L'Éternel Dieu forma l'homme [**ha adam**, l'être humain masculin, Adam] de la poussière de la terre, il souffla dans ses narines un souffle de vie et l'homme devint un être vivant. ... 15 L'Éternel Dieu prit l'homme, et le plaça dans le jardin d'Éden pour le cultiver et pour le garder. 16 L'Éternel Dieu donna cet ordre à l'homme : Tu pourras manger de tous les arbres du jardin ; ... 18 L'Éternel Dieu dit : Il n'est pas bon que l'homme soit seul ; je lui ferai une aide semblable à lui. 19 L'Éternel Dieu forma de la terre tous les animaux des champs et tous les oiseaux du ciel, et il les fit* *venir vers l'homme, pour voir comment il les appellerait, et afin que tout être vivant porte le nom que lui donnerait l'homme. ... 21 Alors l'Éternel Dieu fit tomber un profond sommeil sur l'homme, qui s'endormit; il prit une de ses côtes, et referma la chair à sa place. 22 L'Éternel Dieu forma une femme de la côte qu'il avait prise de l'homme, et il l'amena vers l'homme. 23 Et l'homme dit: Voici cette fois celle qui est os de mes os et chair de ma chair! On l'appellera femme, parce qu'elle a été prise de l'homme. 24 C'est pourquoi l'homme quittera son père et sa mère, et s'attachera à sa femme, et ils deviendront une seule chair.*

Pris au pied de la lettre, ces versets font scandale pour la plupart des gens religieux et la société séculière moderne. Les féministes libéraux (religieux et séculiers) considèrent le chapitre 2 de la Genèse comme étant un mythe dépassé et le rejettent immanquablement. Ils le pensent désespérément patriarcal et complètement inapplicable pour les femmes du vingt-et-unième siècle.

Les féministes croyants (égalitaristes) estiment au contraire que Genèse 2 est la Parole de Dieu divinement inspirée. Ils affirment cependant que le passage veut seulement démontrer l'égalité des sexes et nient catégoriquement le fait qu'il s'agisse là de considérations clés quant aux rôles respectifs d'autorité et de subordination de l'homme et de la femme.

La vision égalitariste à propos de Genèse 2

Mary Stewart Van Leeuwen, professeur de psychologie au Eastern College, et érudite connue en tant que féministe évangélique, a fait cette audacieuse remarque: « Il n'y a pas d'indication dans les récits de la création quant au fait que l'homme devait être le chef dans ce processus [de domination de la terre] ».[20]

Rebecca Groothuis, une porte-parole du féminisme évangélique qui s'exprime à juste titre, ajoute: « Le récit de la création de la Genèse *ne peut être utilisé de manière explicite pour prouver* l'existence de l'autorité masculine et de la subordination de la femme avant la chute. La hiérarchie des sexes ne peut être prise du texte de la Genèse à moins que cela ne soit mal interprété » (italiques pour souligner).[21]

Gilbert Bilezikian, un ancien professeur d'études bibliques qui fut un pionnier dans la fondation de l'Église Willow Creek Community Church, a écrit : « On doit fermement rejeter toute insertion dans le plan de la création d'une autorité d'Adam sur Ève. Elle n'est pas fondée sur le texte biblique ».[22]

Toutefois, Genèse 2 présente les six vérités fondamentales qui sont essentielles à la compréhension de l'enseignement du Nouveau Testament sur les sexes. Ces vérités, présentées plus bas, nous préparent à une étude plus approfondie.

Dieu créa Adam en tant que personnage central

Jack Cottrell, professeur de théologie au Cincinnati Bible Seminary, affirme à juste titre : « Toute action et toute situation tourne autour de l'homme... il occupe la place centrale. Toute autre chose, y compris la femme, a un rôle de soutien ».[23] Cottrell continue en démontrant ce point essentiel :

> Il est donné à l'homme, non à la femme, d'avoir le nom générique pour toute la race humaine : Adam, ou Homme (2.5 ; voir 1.26 et 5.2). L'homme est celui à qui Dieu parle dans le texte (2.16) ; il est le premier à recevoir la révélation et l'instruction divines. Les animaux sont amenés pour que l'homme leur donne un nom, non la femme (2.19-20). La femme est tirée de l'homme, non l'homme de la femme (2.22). La femme est également créée pour l'homme et lui est présentée, non le contraire (2.18, 22). Ensuite, c'est l'homme qui parle et fait un commentaire théologique sur la création de la femme, et non l'inverse (2.23). Pour finir, c'est l'homme qui donne le nom de femme, non le contraire (2.23).
>
> Ainsi vu sous tous ses angles possibles, le texte au complet de Genèse 2 est l'histoire de la création de l'homme par Dieu de manière à pourvoir par tous les moyens à son bien-être... Les autres activités relatées en Genèse 2 sont toutes liées à l'existence, à la nature et aux

besoins de l'homme, y compris la création de la femme. Il est impossible de lire ce chapitre autrement.[24]

Dieu créa Adam en premier

Dieu créa l'homme avant de créer la femme. Avant qu'Ève ne soit formée, Dieu plaça Adam dans le jardin afin de le garder (2.15). Avant de créer Ève, Dieu amena les animaux vers Adam pour que celui-ci leur donne des noms (2.19), et il lui commanda de ne pas manger de l'arbre de la connaissance du bien et du mal sans quoi il mourrait (2.16, 17 ; il est fort probable qu'Adam parla à Ève du commandement de Dieu de ne pas manger du fruit de l'arbre défendu).

Adam était le maître de la terre. En fait, il était la race humaine, le premier être humain. Il la représentait comme elle était d'ailleurs partie intégrante de lui-même.

Le fait que l'homme a été créé en tout premier n'est pas anodin. Cela revêt une importance capitale. Qui plus est, le Nouveau Testament donne un commentaire divinement inspiré de Genèse 2. Selon les principes d'interprétation de la Bible, la Bible se veut être par elle-même son meilleur interprète. Les Écritures attestent des Écritures. Ainsi, le même Dieu qui prononça les paroles de Genèse 2 inspira Paul dans le but de commenter la vraie signification de ces mots. Poussé par le Saint-Esprit, Paul commenta Genèse 2 en ces termes : « Je ne permets pas à la femme d'enseigner, ni de prendre de l'autorité sur l'homme ; mais elle doit demeurer dans le silence. *Car Adam a été formé le premier* » (1Ti 2.12, 13a ; italiques pour souligner).

Ainsi, le Nouveau Testament se sert du fait qu'Adam fut créé en premier pour démontrer que Dieu désigna l'homme comme chef principal et enseignant de la famille de Dieu. Le modèle d'autorité que nous trouvons dans le Nouveau et l'Ancien Testaments attribue à l'homme la responsabilité de diriger le peuple de Dieu.

Le même modèle est également démontrable historiquement et à l'échelle mondiale. Depuis la naissance de la civilisation humaine, les hommes, et non les femmes, sont ceux qui ont essentiellement dirigé la société.[25] Est-ce le hasard ? Ou est-ce le fruit d'une volonté ?

> *Le fait qu'Adam a été créé en tout premier revêt une importance capitale. Qui plus est, le Nouveau Testament donne un commentaire divinement inspiré de Genèse 2.*

Pourquoi sont-ce les femmes qui cherchent à se libérer des hommes et non le contraire ? Genèse 2 nous en donne la réponse : au commencement, le Créateur façonna l'être humain avec de l'argile et lui donna une forme patriarcale, non matriarcale ou égalitariste. Adam était donc le premier patriarche.[26]

Dieu créa la femme *à partir* de l'homme

Dieu créa l'homme et la femme par des voies étonnamment différentes. Dieu fit l'homme à partir de la poussière de la terre et souffla dans ses narines un souffle de vie (v. 7) ; Dieu créa la femme de la côte qu'il avait prise de l'homme (v. 22). La source de l'origine de la femme est l'homme. Elle a été modelée à partir de la côte de celui-ci (v. 21). Le fait que la femme soit issue de l'homme démontre non seulement l'égalité de leur nature mais aussi les différences de rôle de chacun. Comment le savons-nous ? La Bible elle-même l'affirme.

En raison de l'utilisation que fait le Nouveau Testament du verset 2.22 du livre de la Genèse, l'origine de la femme tirée de l'homme atteste de la légitimité de conserver les différences de rôle entre les hommes et les femmes chrétiens.

> *Le Nouveau Testament se sert du fait qu'Adam fut créé en premier pour démontrer que Dieu désigna l'homme comme chef principal et enseignant de la famille de Dieu.*

En 1 Corinthiens 11.8, Paul, lorsqu'il cite Genèse 2.22, écrit : « En effet, l'homme n'a pas été tiré de la femme, mais la femme a été tirée de l'homme ». Les points qu'il cherche à prouver en reprenant ce verset sont le fait que l'homme « est l'image et la gloire de Dieu, tandis que la femme est la gloire de l'homme », et également que « l'homme est le chef de la femme » (1Co 11.7, 3). La doctrine d'autorité et de soumission prend sa racine dans le récit même du chapitre 2 de la Genèse. Les distinctions de rôle sur lesquelles Paul insiste dans ses lettres sont basées sur celui-ci.

Dieu créa la femme *pour* l'homme

Si les trois premiers points offensent les susceptibilités modernes égalitaires, le point quatre est considéré comme absolument inacceptable. Le verset 18 se lit ainsi : « Il n'est pas bon que l'homme soit seul ; je lui ferai une aide semblable à lui ». Dieu déclara par ce fait que la solitude d'Adam n'était pas bonne. Alors, il corrigea la situation. Il fit « une aide semblable à lui ». Ève n'était pas un autre homme ; elle n'était pas un clone d'Adam ni un jumeau. Elle était semblable mais différente.

Elle avait une biologie, une physiologie et une psychologie qui lui étaient propres. Elle a été créée pour être le complément de l'homme, pour l'aider à se reproduire et à dominer sur la terre, et pour s'unir à lui en tant que partenaire et compagne de cœur. C'est là la première déclaration de la Bible concernant le rôle de la femme ; elle doit être une aide pour l'homme.

Une aide pour l'homme

Le mot « aide » que l'on trouve en Genèse 2.18 (en hébreu *'ezer*) signifie « soutien », « support ». C'est *le mot clé utilisé pour décrire le rôle de la femme*. Il ne s'agit pas d'un terme qui humilie. Dieu est souvent décrit comme un « secours » (ou une aide) pour son peuple (Ps 121). Être une aide signifie que la femme a l'habileté, les aptitudes, les ressources et la force nécessaires dans ce but.

La femme a été créée pour l'homme, et non le contraire (1Co 11.9). Ève a été créée à partir de la côte d'Adam (son origine) et pour lui (son but). Comme un théologien nous le rappelle : « Le rôle de l'homme n'est pas défini en fonction de la femme, mais celui de la femme en fonction de l'homme ».[27] Pour la femme ou l'homme chrétien, ce que Dieu nous appelle à être ou à faire est juste, bon, saint et désirable. Il est le Créateur, et nous sommes son argile. Il a institué la relation chef-aide entre l'homme et la femme.

Le mot hébreu *kenegdô* signifiant « aide pour lui » veut dire aussi « comme lui », « correspondant à lui », « la contrepartie ». Ainsi, la nature de la femme est relative à celle de l'homme. Cela montre leur égalité. Elle n'est comparable en rien aux animaux à qui Adam donna des noms au verset 19. Elle porte aussi l'image de Dieu.

———————————————————— ■

Le commentaire du Nouveau Testament de Genèse 2.18 se trouve en 1 Corinthiens 11.9 : « et l'homme n'a pas été créé à cause de la femme, mais la femme a été créée à cause de l'homme ». Encore une fois, Paul renvoie au chapitre 2 de la Genèse pour maintenir les distinctions de rôle des sexes.

> *C'est là la première déclaration de la Bible concernant le rôle de la femme ; elle doit être une aide pour l'homme.*

Le fait que la femme a été créée *à cause de* l'homme est la preuve que l'homme « est l'image et la gloire de Dieu, tandis que la femme est la gloire de l'homme », et également que « l'homme est le chef de la femme » (1Co 11.7, 3).

Dieu donna à l'homme le droit de donner un nom à la femme

Avant la chute, Adam donna un nom à sa nouvelle compagne. Lorsqu'Adam la vit, il déclara : « on l'appellera femme » (Ge 2.23). Il s'agit ici du nom générique et non d'un nom personnel. Après la chute, Adam « donna à sa femme le nom d'Ève », un nom personnel (Ge 3.20).

Celui qui donne un nom à une chose ou à une personne a l'autorité et le pouvoir de le faire (Ge 1.5, 8, 10 ; 2.19, 20). Par exemple, les parents ont l'autorité de donner un nom à leurs enfants. Le fait qu'Adam va jusqu'à donner le nom à la femme suggère son rôle d'autorité dans la relation du premier couple.

Dieu créa l'homme et la femme de nature égale

Dieu modela une partenaire à Adam, à partir de sa côte, ce qui souligne leur nature égale. L'homme reconnut immédiatement que la femme partageait sa condition. Il affirma alors, « os de mes os et chair de ma chair ! » (v. 23). Elle n'était pas une créature inférieure comme les animaux auxquels il s'était occupé à donner un nom (2.19, 20). Elle avait été prise de sa côte et par conséquent était égale de par sa nature et dans le fait qu'elle portait l'image de Dieu.

Genèse 3 : la chute et la guerre des sexes

Dans Genèse 3, l'homme et la femme péchèrent contre Dieu. Ils désobéirent au commandement de Dieu et mangèrent de « l'arbre de la connaissance du bien et du mal ». Leur désobéissance et le jugement qui s'ensuit est appelé la chute. Genèse 3 « explique pourquoi les hommes et les femmes travaillent avec peine et douleur tous les jours de leur vie et pourquoi ils meurent. Le péché a produit ce dilemme, et rien d'autre que l'anéantissement du péché ne pourra y mettre un terme. »[28] Toutes les parties impliquées dans le débat reconnaissent que la chute a détérioré les relations homme-femme. Lisons le récit qui en est fait dans le livre de la Genèse.

Le serpent était le plus rusé de tous les animaux des champs, que l'Éternel Dieu avait faits. Il dit à la femme : Dieu a-t-il réellement dit : Vous ne mangerez pas de tous les arbres du jardin ? (3.1)

La femme vit que l'arbre était bon à manger et agréable à la vue, et qu'il était précieux pour ouvrir l'intelligence ; elle prit de son fruit, et en man-

gea ; elle en donna aussi à son mari, qui était auprès d'elle, et il en mangea. (3.6)

Mais l'Éternel Dieu appela l'homme, et lui dit : Où es-tu ? (3.9)

Il dit à la femme : J'augmenterai la souffrance de tes grossesses, tu enfanteras avec douleur, et tes désirs se porteront vers ton mari, mais il dominera sur toi. Il dit à l'homme : Puisque tu as écouté la voix de ta femme, et que tu as mangé de l'arbre au sujet duquel je t'avais donné cet ordre : Tu n'en mangeras point ! Le sol sera maudit à cause de toi. C'est à force de peine que tu en tireras ta nourriture tous les jours de ta vie, (3.16-17)

C'est à la sueur de ton visage que tu mangeras du pain, jusqu'à ce que tu retournes dans la terre, d'où tu as été pris ; car tu es poussière, et tu retourneras dans la poussière. (3.19)

Les féministes évangéliques insistent pour dire que Genèse 3 est la première introduction historique du concept d'autorité et de soumission. Genèse 2, affirment-ils, enseigne l'égalité parfaite entre les sexes, et non l'autorité et la subordination. Une grande porte-parole féministe affirme : « C'est seulement à cause de la chute (Ge 3.16s) que la femme se soumet à l'homme. Il n'y a pas la moindre trace dans le texte de la Genèse de ce que la femme soit de quelque façon que ce soit subordonnée à l'homme avant la chute ».[29]

Les complémentaristes ne partagent pas cet avis. Ils affirment que le concept apparaît en Genèse 2, comme nous l'avons démontré, et que la chute dans Genèse 3 a corrompu, et non institué, l'autorité (la direction) masculine. Considérons trois points d'après le récit fait en Genèse 3.

> *Toutes les parties impliquées dans le débat reconnaissent que la chute a détérioré les relations homme-femme.*

Ève a été séduite

Ce n'est pas un hasard si Satan s'est adressé à la femme plutôt qu'à l'homme. Comme tous les maîtres chanteurs, Satan cherchait le meilleur moyen de faire adopter ses mensonges. Connaissant le plan de Dieu relatif à la création des deux sexes, il s'aperçut que la femme pourrait plus facilement se laisser prendre à ses subtiles séductions. Il avait de ce fait suffisamment de discernement.

Au verset 13, la femme elle-même reconnut devant Dieu qu'elle avait été séduite. Satan s'en est donc pris à la femme en premier, en mettant en doute non seulement ce que Dieu avait dit au sujet de l'arbre de la connaissance du bien et du mal mais en s'en prenant également à l'ordre défini par Dieu pour le couple, la femme comme aide, et l'homme en tant que chef. Le théologien allemand Werner Neuer déclara que « La chute est, par conséquent, non seulement la rébellion de l'être humain contre Dieu, mais le rejet de l'ordre déterminé par Dieu pour l'homme et la femme ».[30]

Le châtiment d'Ève

Pour conséquence de son péché, Ève connaîtra la souffrance dans ses rôles principaux de mère et d'épouse (v. 16). La première peine endossée par Ève du fait de sa transgression a trait à son rôle de mère : « Il dit à la femme : J'augmenterai la souffrance de tes grossesses, tu enfanteras avec douleur » (v. 16a).

La deuxième qui lui est relative concerne sa relation conjugale : « tes désirs se porteront vers ton mari, mais il dominera sur toi ». En termes généraux, cette sentence (« désirs… dominera ») introduisirent ce que nous appelons aujourd'hui la guerre des sexes. La signification exacte de cette peine prononcée pour Ève est très difficile à interpréter avec certitude, particulièrement la signification du mot « désirs ».[31] Qu'importe ce qu'il faut entendre exactement de ces termes, la relation homme-femme en reste quoiqu'il en soit altérée, et la femme particulièrement déçue par la relation.

Même si ces jugements ne cesseront complètement d'ici à la fin du monde, Cottrell a raison de dire que : « Cela ne signifie pas pour autant de les accepter comme une fatalité, pas plus que nous ne devons accepter la mort dans le même état d'esprit. L'expiation de Christ nous donne droit au contraire à combattre les effets nuisibles du péché de toutes les manières qui soient. »[32]

Le châtiment d'Adam

Dieu maudit le sol à cause du péché d'Adam. C'est avec peine et beaucoup de labeur qu'il tirera sa nourriture pour assurer sa subsistance. « Le châtiment de la femme se trouve profondément ancré dans son être, dans son statut de femme et mère ; quant à celui de l'homme, il se trouve au cœur même de sa vie : son travail, ses activités et le fait qu'il doit pourvoir à sa nourriture. »[33]

Finalement, et de manière irréversible, Adam mourra et retournera à la poussière. Ève partagera également le même destin. La raison pour laquelle elle se retrouve incluse dans la même condamnation est due au fait qu'Adam est le chef désigné, le représentant de la première famille. Son autorité est reconnue par la manière dont Dieu, après la chute, somma Adam, et non la femme, de répondre à ses questions, même si c'est elle précisément qui fauta en premier (v. 9). De plus, l'autorité d'Adam est démontrée dans l'appellation même du couple : « l'homme et sa femme » (v.8). Dans le langage biblique et l'ordre voulu de Dieu pour la race humaine, Adam, le premier homme, fut le chef de la première famille et finalement de toute la race humaine (Ro 5.12 ; 1Co 15.22, 45).

En résumé, les chapitres 1 et 2 de la Genèse nous révèlent que l'homme et la femme sont créés égaux à l'image de Dieu mais qu'ils sont différents dans leurs fonctions et dans leur rôle au sein même de la relation. Le reste de l'Ancien Testament illustre ces différences basées sur les sexes dans un monde déchu :

- Les grands chefs de l'Ancien Testament sont des hommes : Noé, Abraham, Job, Isaac, Jacob, Joseph, Moïse, Aaron, Josué, Saül, Samuel, David, Salomon, Esdras, Néhémie, Ésaïe, Daniel, Ézéchiel et Jérémie.

- Même s'il était fréquent de voir des prêtresses dans les pratiques religieuses des peuples environnants, les sacrificateurs du peuple d'Israël devaient être des hommes. Il n'était pas possible pour une femme juive d'adopter la fonction de sacrificateur (ni d'être prêtresse). Israël n'avait aucune divinité féminine ni d'officiante, et ce fait indique bien qu'Israël était radicalement différent des autres peuples.
- Tous les rois d'Israël étaient des hommes, sauf Athalie, qui s'appropria le trône par la violence.
- Les principaux prophètes du peuple étaient pour l'ensemble des hommes, et nous ne connaissons aucun ancien qui ait été une femme.

Les femmes ne manquent toutefois pas dans l'histoire du peuple de Dieu en ce qui concerne l'Ancien Testament. Elles s'adressaient directement à Dieu avec beaucoup d'efficacité, lui offraient des sacrifices par le biais des prêtres, et marchaient étroitement avec lui. Nous voyons dans l'Ancien Testament plusieurs femmes pieuses, héroïques, et d'influence, des femmes d'une force, d'une sagesse et d'une habileté surprenantes. Même si l'Éternel avait établi son alliance avec Abraham, Sara, par exemple, reste un élément clé dans l'histoire de son couple. Rebecca, Rachel et Léa ont été de grandes femmes aux côtés de leurs maris patriarches. Bien qu'un amour sincère et une grande dévotion soient démontrés dans ces couples, la cruauté et la manipulation ont malheureusement également eu leur place.

Le rôle premier de la femme dans l'Ancien Testament était d'être mère et épouse. Ce statut élevé occasionne éloges et louanges dans Proverbes 31.10 : « Qui peut trouver une femme vertueuse ? Elle a bien plus de valeur que les perles ». Dans certains cas, il arrivait que des femmes accomplissent un service au niveau national, elles avaient des fonctions plus publiques. Par exemple, elles pouvaient avoir une charge « à l'entrée de la tente d'assignation » (Ex 38.8), alors que d'autres étaient prophétesses. Citons Déborah qui avait le don de prophétie et était également juge en Israël.[34] Parmi les femmes d'Israël, il y avait aussi Myriam qui était une dirigeante et également une prophétesse.

L'Ancien Testament ne dépeint pas un tableau romantique ou idéaliste quant à la manière dont étaient traitées les femmes. Il nous offre plutôt un panorama réaliste. Il montre la cruauté de la polygamie et la présence d'un harem pour le roi. Nous trouvons des exemples de double norme au niveau des pratiques quant aux sexes dans Genèse 38.11-26, à savoir que les hommes pouvaient divorcer de leur femme sans raison à l'inverse de celles-ci qui ne pouvaient se défaire de leur mari. Dieu n'approuvait pas ce traitement et le condamna à juste titre et avec force par la bouche du prophète Malachie (Mal 2.13-16). Pour résumer la situation, Werner Neuer conclut avec justesse :

> Tous ces exemples de l'Ancien Testament montrent que l'on n'était pas encore venu à bout de la sous-estimation des femmes et de la discrimination qui fut exercée à leur égard. Malgré cela, il faut admettre, à la lumière du nombre de preuves de l'Ancien Testament relatives à la haute considération dont faisait l'objet les femmes, que, (comme le fait observer Doller) « sans aucun doute, la femme, en Israël, avait un statut que l'on trouvait parmi peu d'autres peuples ».[35]

L'enseignement de l'Ancien Testament sur les sexes étant à présent plus clair à notre esprit, nous pouvons dès lors aborder ce que le Nouveau Testament enseigne sur les rôles respectifs de l'homme et de la femme.

Questions d'approfondissement

1. Citez plusieurs raisons pour lesquelles notre étude commence par la Genèse.
2. Croyez-vous que la Genèse ait une valeur historique et qu'elle soit la vérité ? Justifiez votre réponse.
3. Quelles règles importantes sont enseignées dans Genèse 1.26-28 ?
4. Pourquoi celles-ci demeurent-elles incontournables pour notre étude ?
5. En quoi croient les féministes évangéliques lorsqu'ils se rapportent à Genèse 2 au sujet des hommes et des femmes ?
6. Comment répondriez-vous si quelqu'un vous disait que le fait qu'Adam ait été créé avant Ève n'a rien à voir avec le débat sur les sexes ?
7. Que veut dire la phrase : « Les Écritures attestent des Écritures » ? Pourquoi ce principe d'interprétation est-il particulièrement important pour notre étude ?
8. À l'aide de Genèse 1.26-28 et Genèse 2.7-24, décrivez les activités auxquelles Dieu avait donné part à la femme qu'Il avait créée.
9. À l'aide de Genèse 2.7-24, dites en quoi Adam et Ève ont été créés égaux.
10. Quels détails précis du récit de Genèse 2 démontrent qu'Adam devait être à la tête du premier couple ?
11. Qu'entend-on par le mot « chute » ? Pourquoi le fait de croire en la chute de la race humaine (Genèse 3) est-il absolument nécessaire pour mieux cerner les problèmes et solutions relatifs aux spécificités des deux sexes ?
12. Avec vos propres mots, donnez la signification de ce passage : « Adam, le premier homme, était le chef désigné de la première famille et de ce fait de toute la race humaine » (voir Ro 5.12 ; 1Co 15.22, 45).
13. Selon l'Ancien Testament, quels postes d'influence étaient réservés exclusivement aux hommes ?

14. Quel impact la croix de Jésus-Christ a-t-elle eu sur le plan de Dieu en ce qui concerne les hommes et les femmes ? Justifiez votre réponse.

15. Qu'avez-vous appris dans ce chapitre qui soit susceptible de redéfinir votre pensée et vos actions ?

Chapitre 2

Jésus-Christ choisit des hommes pour exercer la direction de son église

« Je n'avais pas réalisé combien la Genèse était si capitale pour notre sujet. Que verrons-nous ensuite, Paul et ses épitres ? » demanda Tom.

« Non, nous irons directement à Jésus-Christ, en nous intéressant plus spécifiquement à son profil d'homme et au choix de ses douze apôtres masculins. »

« Penses-tu vraiment que ces deux points soient importants ? »

« Tom, "Jésus est Seigneur" est ce que confesse tout fidèle. Donc, pour un croyant, personne n'est plus important que Jésus-Christ dans le débat des spécificités des deux sexes. Le fait que Jésus fut né homme et qu'il a, après avoir prié, choisi douze hommes pour le représenter officiellement est d'une importance capitale. »

« Certains de mes enseignants disent que cela ne veut rien dire d'un point de vue théologique. Ils disent que ces choix s'imposaient à cause de la culture juive du premier siècle qui ne permettait pas aux femmes de prêcher et de diriger. Jésus se serait donc plié aux normes voulues par la société. »

« Quelle injure faite à Jésus ! Le Jésus des Évangiles était tout à fait courageux. Il n'avait pas peur d'amener un enseignement nouveau et radical dans sa culture fondée sur les traditions. Jésus ne s'est ni abandonné à une culture pécheresse, ni n'a écarté les femmes dans ce grand tournant de l'histoire. »

« Bien vu ! »

« Tom, Jésus-Christ a voulu des hommes pour exercer la direction de son Église. Son profil masculin et son v ? u délibéré de choisir douze apôtres hommes étaient basés sur Genèse 2, sur ce que Dieu a voulu accomplir à l'origine en créant les sexes. »

« Je suppose que ces points jouent énormément pour la suite des événements. »

« Oui. En fait, on ne peut nier que ces deux aspects ont fait leur chemin dans la vie des disciples de Christ au cours des deux mille dernières années. L'impact est encore palpable aujourd'hui parmi des centaines de millions de catholiques romains, orthodoxes, beaucoup d'anglicans et des Églises protestantes qui exigent que ce soient des hommes qui dirigent leurs Églises. Examinons donc plus attentivement ce fait que Jésus ait été un homme et le choix qu'il a fait d'apôtres masculins. »

Jésus se devait d'être un homme

Jésus-Christ a deux natures, l'une complètement divine et l'autre entièrement humaine. Pourtant, il est une seule personne. En tant qu'humain à part entière, Jésus-Christ devait être soit homme, soit femme. Il vint sous la forme d'un homme dans le monde en tant que Fils de Dieu et non fille de Dieu.

Les féministes évangéliques disent que le fait que Jésus soit un homme était nécessaire pour des raisons pratiques. La culture du premier siècle ne lui aurait pas permis d'enseigner et de diriger s'il avait été une femme, disent-ils. Ce qui est essentiel à leur position théologique est le fait que Jésus soit pleinement humain. Cette nature, disent-ils, n'a théologiquement rien à voir avec le choix du sexe bien que cela ait été une nécessité pratique.

Quelques points de vue féministes sur le fait que Jésus soit un homme

Rebecca Groothuis a écrit : « À cause de raisons culturelles et historiques, il était nécessaire que Dieu soit incarné en un homme. Mais parce que Dieu n'est ni homme ni femme et que l'homme et la femme portent de façon égale son image, il n'était théologiquement pas indispensable pour le Dieu incarné d'être un homme. »[36] Elle continue ainsi : « Accorder une importance et une nécessité théologiques au fait que Christ soit un homme revient à remettre sérieusement en question l'efficacité de l'œuvre rédemptrice de Christ à l'égard des femmes. »[37]

De même, Aida Besancon Spencer, professeur et spécialiste du Nouveau Testament au Gordon-Conwell Theological Seminary, déclare : « Même si Dieu s'est fait homme, de prime abord, Dieu s'est fait humain avant tout ; autrement, d'une certaine façon, nous considérerions que les hommes seraient plus sauvés que les femmes ».[38]

■

Que Jésus soit un homme n'était toutefois pas accidentel. Cette réalité était bibliquement et théologiquement incontournable. La Bible ne cache pas cette nécessité selon laquelle il fallait qu'il soit de sexe masculin. Non seulement Jésus devait revêtir la nature humaine, mais il devait être également un homme, un premier-né, mâle juif d'une certaine tribu et famille. À ce propos, Cottrell écrit : « C'est un fait qui est souligné à travers toute la Bible, de la postérité masculine de la femme en Genèse 3.15 jusqu'à l'époux évoqué au chapitre 21 de l'Apocalypse ».[39]

Selon le plan de salut opéré par Dieu, Jésus-Christ est l'homologue d'Adam, et non d'Ève. Comme l'écrivit un théologien, « Adam et Christ sont tous deux entrés dans le monde par un acte spécifique voulu de Dieu. Tous deux y ont été introduits sans péché, ont agi au nom de ceux en qui Dieu se voyait représenté... Adam, en tant que mari d'Ève, est également une préfiguration du Christ et de sa fiancée, l'Église considérée comme une épouse. »[40] Le Nouveau Testament dit d'Adam qu'il est une « figure » de Christ (Ro 5.14). Le mot *figure* veut signifier ici « une représentation ou une expression de ce qui sera », une personne évoquée dans l'Ancien Testament ou une situation qui préfigure (ou annonce) une autre personne ou situation du Nouveau Testament. Adam, par exemple, est une image de Christ. Jésus est le « dernier Adam » et le « second homme » (1Co 15.45, 47). Le premier Adam chuta ; le dernier Adam n'a pas chuté. Semblable à Adam, Jésus est le premier d'une race, mais d'une nouvelle humanité. Ainsi, nier la nécessité pour Christ d'être un homme par rapport au plan de salut de Dieu reviendrait à altérer ce plan. Les efforts féministes pour nier le besoin pour Christ d'être un homme donnent libre cours à une grave erreur doctrinale.

La nécessité d'un rédempteur masculin n'est pas contraire aux autres exigences bibliques. Par exemple, Jésus a dit que « le salut vient des Juifs » (Jn 4.22). Jésus se devait donc d'être Juif. Il fallait qu'il soit également un fils premier-né, descendant de la généalogie d'Abraham et de David, un héritier légitime des promesses de Dieu, le vrai germe.

Jésus se devait non seulement d'être un humain, mais encore un homme

Il devait être le vrai Roi, non la reine d'Israël ; le Seigneur, non la maîtresse de l'univers ; le Rédempteur du monde ; l'Époux, et le parfait Agneau pascal de Dieu.

« L'accent impressionnant de la Bible mis sur la nature masculine de Christ, du fait qu'elle lui attribue exclusivement des rôles et des titres masculins, montre sans équivoque qu'il était dans l'intention de Dieu et dans son plan de racheter le monde non seulement par le biais d'un être humain mais aussi d'un homme... Le fait qu'il poursuit sa relation avec nous dans des rôles tout à fait masculins montre que sa nature n'était pas qu'une question de compromis culturel ».[41]

De plus, Jésus-Christ se veut la pleine révélation de Dieu. Il est Dieu fait chair. Il se devait donc d'être un homme. Le Dieu de la Bible *se révèle et se définit lui-même* dans les Saintes Écritures sous une forme presque exclusivement masculine dans le langage, les titres, les fonctions, les images et les rôles. Il n'est pas un accident culturel ; les divinités féminines étaient nombreuses dans les cultures patriarcales de l'ancien Proche-Orient et parmi les peuples méditerranéens. En voici quelques exemples : la divinité égyptienne Isis, l'une des plus importantes divinités de Méditerranée ; la divinité phénicienne Astarté ; la divinité babylonienne Ishtar ; les divinités grecques Artémis et Aphrodite (la Vénus romaine) ; la divinité et reine romaine Juno. Pour les peuples du monde antique contemporains de la Bible, il n'était pas offensant qu'il y ait des divinités féminines. Ainsi donc, que Jésus soit un homme n'était pas un accommodement culturel. En fait, même le judaïsme et le christianisme étaient uniques dans le monde antique en raison de leur monothéisme et de la description masculine qui est propre à celle de Dieu.

Le Dieu de la Bible est toujours évoqué par le pronom personnel *il*, et non *elle*. Il est Père, *jamais* Mère. Le Dieu trinitaire de la Bible est Seigneur, Roi, Maître, Époux, Rédempteur du monde, et le Père de notre Seigneur Jésus-Christ. Jésus-Christ a dit à ses disciples d'appeler Dieu leur « Père ». Il leur a enseigné à prier « Notre Père qui es aux cieux », et non « Notre Mère qui es aux cieux ». Dieu le Père n'est pas simplement un père, il est *le* Père ; Jésus-Christ n'est pas simplement un fils, il est *le* Fils.

Le Dieu de la Bible est toujours évoqué par le pronom personnel il, et non elle.

On ne peut changer ces noms simplement par le fait que les gens puissent en être offusqués. L'histoire biblique atteste la vérité, à savoir que, en tant que Dieu incarné et celui qui révèle Dieu, Jésus devait être un homme.

Enfin, si vous avez le moindre doute quant à la nécessité que Jésus soit un homme, écoutez ce que dit l'apôtre Paul, qui fut personnellement choisi et envoyé par Christ pour parler en son nom aux païens : « Je ne permets pas à la femme d'enseigner, ni de prendre de l'autorité sur l'homme ; mais elle doit demeurer dans le silence. Car

Adam a été formé le premier, Ève ensuite » (1Ti 2.12, 13). Remarquez aussi comment l'Esprit l'a inspiré dans 1 Corinthiens 11.3 : « Christ est le chef de tout homme, l'homme est le chef de la femme, et Dieu le chef de Christ ». De plus, il déclare que « l'homme est l'image et la gloire de Dieu, tandis que la femme est la gloire de l'homme » (1Co 11.7).

Jésus ne pouvait être une femme parce que, en tant que femme, il n'aurait pu prendre autorité sur des disciples masculins. Dans le plan originel de Dieu qui se rapporte à la création, lorsqu'il est question de la relation homme-femme, l'homme est investi du rôle de direction, de représentant et d'autorité. Ainsi, la tête de l'Église est Jésus-Christ, un homme.

Pas de divinités féminines pour le peuple de Dieu

Dieu aurait pu limiter les descriptions de sa personne en employant des termes impersonnels neutres comme rocher, feu, unique, etc. Or, il ne l'a pas fait ; il est un être personnel et il cherche à avoir une relation avec ceux qu'il a créés à son image.

Il y a quelques endroits dans la Bible où une image féminine est utilisée pour décrire Dieu (De 32.18 ; És 49.14, 15 ; 66.13). Mais la plupart de ces représentations prennent la forme d'une comparaison, une figure éloquente dans laquelle un parallèle est fait entre deux choses bien distinctes qui ne sont en rien semblables. Par exemple, dans Ésaïe 42.14, il est écrit : « Je crierai comme une femme en travail ». Dans ce cas précis, le cri de Dieu envers son peuple est comparé au cri d'une femme en travail. Le verset ne dit pas ou ne sous-entend pas que Dieu est une femme en travail ou qu'il est de nature féminine. Le même genre d'image est également employé par des hommes dans la Bible. Moïse et Paul, par exemple, utilisent l'image d'une femme qui donne naissance ou d'une mère qui allaite pour décrire leur travail et leurs sentiments (Ga 4.19 ; 1Th 2.7 ; No 11.12 cf. Jn 16.21, 22). Jésus compare également le désir qu'il a pour son peuple à une poule qui rassemble ses poussins (Mt 23.37). Toutefois, ces comparaisons n'indiquent pas que ces hommes soient des femmes. William Mouser a absolument raison de dire qu'« il n'y a pas de Dieu féminin dans la Bible ».[42]

Jésus choisit douze hommes pour disciples

Au cours de son ministère terrestre, Jésus-Christ enseigna et désigna personnellement douze hommes qu'il appela « apôtres » (Lu 6.13). Avant de les choisir, Jésus passa la nuit entière à prier son Père. Veuillez lire les versets suivants tirés de Luc 6.12-13 :

En ce temps-là, Jésus se rendit sur la montagne pour prier, et il passa toute la nuit à prier Dieu. Quand le jour parut, il appela ses disciples, et il en choisit douze, auxquels il donna le nom d'apôtres.

Les apôtres de Jésus-Christ

Le mot *apôtre* fut utilisé par notre Seigneur dès les premiers temps de son ministère pour décrire douze disciples choisis de façon unique, appelés aussi « les douze » (Lu 6.13). Le mot grec *apostolos* signifie littéralement « quelqu'un d'envoyé ». Dans ce cas précis, donc, Jésus-Christ est celui qui envoie, et les douze constituent les envoyés (ce ne sont pas des volontaires; ils sont ses ambassadeurs officiels, ses émissaires, ses représentants ou ses porteurs de messages. Ils sont les interprètes et les chargés de pouvoir de Christ, ses enseignants accrédités – inspirés, guidés et protégés par le Saint-Esprit. Lorsqu'il était avec eux sur la terre, Jésus leur a parlé en ces termes : « J'ai encore beaucoup de choses à vous dire, mais vous ne pouvez pas les porter maintenant. Quand le consolateur sera venu, l'Esprit de vérité, il vous conduira dans toute la vérité » (Jn 16.12, 13a; aussi 14.25, 26; 15.26, 27; Ac 1.1-3).

Parce que les apôtres proclamaient les paroles de Christ par la puissance du Saint Esprit, Jean peut dire sans arrogance ni orgueil : « celui qui connaît Dieu [le vrai croyant] nous [apôtres] écoute; celui qui n'est pas de Dieu ne nous écoute pas : c'est par là que nous connaissons l'esprit de la vérité et l'esprit de l'erreur » (1 Jn 4.6).

En parfaite obéissance et soumission à la volonté de son Père, Jésus choisit douze hommes pour apôtres. Ces hommes étaient par conséquent aussi le choix de Dieu, le Père. Le fait que Jésus ait choisi des personnes de sexe masculin était l'aboutissement d'une prière fervente, basée sur les principes divins de l'Ancien Testament, et sur la direction de Dieu. Son choix n'était pas basé sur sa crainte quant à la culture du premier siècle, dominée par les hommes.

Même après que Christ soit monté au ciel, lorsqu'il fallut remplacer Judas (l'un des douze), seuls des hommes (Ac 1.21) furent considérés. Des deux hommes, Joseph et Matthias, qui étaient qualifiés, l'un fut choisi par le sort pour le poste, sous la direction du Seigneur Jésus-Christ déjà ressuscité. Deux ans plus tard, le Seigneur apparut à Saul sur le chemin de Damas et le désigna apôtre des païens.

> *Mais comment est-il possible de considérer la vie de Jésus-Christ en toute honnêteté et penser que Jésus a adapté le choix de ses apôtres de sexe masculin à l'esprit pécheur et machiste de son temps ?*

Malgré le choix guidé de Dieu quant aux douze apôtres hommes, les enseignants féministes affirment que le choix de Jésus à l'égard des douze hommes se voulait être une concession nécessaire à la culture patriarcale de son temps. Une apologiste féministe bien connue a écrit : « N'est-il pas vrai que le fait de ne pas choisir de femmes parmi les douze ait été une autre concession à la culture du premier siècle, et à la bienséance ? »[43]

Mais comment est-il possible de considérer la vie de Jésus-Christ en toute honnêteté et penser que Jésus a adapté le choix de ses apôtres de sexe masculin à l'esprit pécheur, et machiste de son temps ? Ces faits ne concordent pas avec le portrait que les féministes se font de Jésus.

Aussi voyons sans plus attendre comment Jésus est représenté dans les Écritures.

Jésus n'avait pas peur

Jésus-Christ ne craignait pas l'establishment religieux. Comme cela ne s'était jamais vu auparavant, il en a exposé ouvertement l'hypocrisie. Il traita les pharisiens et les scribes professionnels de conducteurs d'aveugles, d'insensés pompeux, d'escrocs moralisateurs, de voleurs de veuves, d'avares, de parleurs à double langage, de faux enseignants, de pervers, de meurtriers des prophètes, de serpents, de race de vipères et attachés au mal, de propres justes, d'hypocrites aveugles (Mt 23). À deux reprises, au grand péril de sa vie, Jésus a agi en réformateur, chassant les changeurs de monnaie de la cour du temple par le fouet et accusant les sacrificateurs de délaisser leurs tâches spirituelles pour exploiter les gens à des fins d'enrichissement personnel.

Jésus-Christ n'a pas adapté ses instructions ou ses actions en fonction des traditions humaines. Jésus déclara que ses enseignements et sa façon d'agir étaient comme le « vin nouveau » qui nécessite de « nouvelles outres ». La vieille outre du judaïsme, externe, légaliste, rabbinique, ne pouvait contenir ses nouveaux enseignements fraîchement distribués sans se rompre (Mt 9.17). Dirigé par l'Esprit Saint, et plus hardiment qu'aucun autre des prophètes de l'Ancien Testament, Jésus n'a pas hésité à dénoncer les traditions qui contrevenaient à la sainte Parole de Dieu ou la contredisaient (Mc 7.1-23). À plusieurs reprises, il défia les traditions légalistes relatives au sabbat, se proclamant lui-même maître du sabbat. Et pour tout cela, l'establishment religieux pensait en son for intérieur que Jésus méritait la mort.

L'une des raisons pour laquelle Jésus était haï et fut en toute probabilité responsable de sa crucifixion, était le fait qu'il violait régulièrement certaines traditions rabbiniques. Pourtant, en dépit de ses attaques à l'égard de celles-ci, toutes humaines, il arrivait que même ses pires ennemis lui reconnaissent la véracité de ses enseignements. Il ne craignait personne et ne montrait aucune partialité envers qui que ce soit : « Maître, nous savons que tu es vrai, et que tu enseignes la voie de Dieu selon la vérité, sans t'inquiéter de personne, car tu ne regardes pas à l'apparence des hommes » (Mt 22.16).

Jésus n'était pas un traditionaliste

Les nouveaux enseignements que Jésus présenta aux Juifs traditionalistes du premier siècle sont vraiment remarquables. Ceux-ci, tout comme les actions de Jésus à l'égard des femmes, étaient inédits et se démarquaient des usages de l'époque. Le Jésus des Évangiles n'avait pas peur de confronter et les pratiques des hommes et les ardents défenseurs de ces dernières. Il n'est pas étonnant que les gens aient pu dire : « Qu'est-ce que ceci ? Une nouvelle doctrine ! » (Mc 1.27b). Considérons à présent les éléments suivants :

- Dans le fameux *Sermon sur la montagne*, Jésus déclare à plusieurs reprises : « Vous avez entendu qu'il a été dit [dans les anciennes traditions]... mais moi, je vous dis » (Mt 5.21-48). L'une des traditions que Jésus réfuta était celle du divorce qui pouvait être décrété seulement par l'homme. Plusieurs Juifs du temps de Christ pensaient que la Loi leur permettait de se séparer de leur femme pour n'importe quelle raison en donnant une lettre de divorce à celle-ci. Toutefois, Jésus rendit caduque cette pratique. C'est avec une pleine autorité qu'il renouvela le plan originel d'un mariage fidèle, monogame, et qu'il restreignit le divorce à une seule cause : l'infidélité conjugale (Mt 5.31, 32 ; 19.3, 9).

- Au cours de ce même sermon, Jésus a également déclaré : « Vous avez appris qu'il a été dit : Tu ne commettras point d'adultère. Mais moi, je vous dis que quiconque regarde une femme pour la convoiter a déjà commis un adultère avec elle dans son cœur » (Mt 5.27, 28). Ces hommes superficiels, religieux, centrés sur eux-mêmes pouvaient se sentir justes du fait qu'ils n'avaient jamais commis l'acte physique de l'adultère. Mais Jésus leur fit savoir que les regards de convoitise ou la seule pensée d'une femme quelconque dans le but de satisfaire son plaisir sexuel révèle un cœur immoral, adultère, et que de tels hommes sont coupables devant Dieu. Jésus souleva par conséquent tout un passif d'attitudes longuement ancrées que les chefs religieux et leurs traditions machistes avaient tant chéries.

- La manière dont Jésus interagissait avec les femmes n'en était pas moins radicale. Au grand étonnement de ses douze disciples et de la femme elle-même, Jésus brisa toutes les coutumes sociales de l'époque lorsqu'il s'est longuement entretenu avec une Samaritaine pour parler de vérités divines et de la condition morale et spirituelle de celle-ci (Jn 4.9-27). À cause du témoignage de cette femme, plusieurs vinrent à Jésus et crurent.

- À deux reprises, Jésus fit l'éloge publique de Marie, la sœur de Lazare, en raison de ses priorités spirituelles et de sa vision, une première fois pour avoir choisi de s'asseoir à ses pieds pour l'écouter plutôt que d'être distraite par des préparatifs de repas accaparants (Lu 10.42), et une seconde fois pour l'avoir oint pour sa future sépulture alors que personne autour d'elle ne comprenait le caractère sacré de ce moment (Jn 12.1-8).

- Parfois, des femmes loyales accompagnaient Jésus lors de ses voyages et s'occupaient de ses besoins physiques (Lu 8.1-3). Elles aimaient le Seigneur Jésus par dessus tout et désiraient être avec lui et le servir. Aussi il accueillit favorablement leur ministère.

- Marie-Madeleine et plusieurs autres femmes avaient eu le grand honneur de figurer parmi les premières personnes qui ont vu Jésus-Christ après sa résurrection. Aussi il les enjoignit à aller annoncer cette bonne nouvelle à ses disciples et à leur communiquer ses plans pour ensuite les retrouver. Le récit de Jean sur la rencontre de Marie-Madeleine et de Jésus après sa résurrection est l'une des histoires les plus émouvantes du Nouveau Testament (Jn 20.1-18).

- Le commandement par excellence de Jésus pour la vie, pour les gens qui connaissent le Seigneur ressuscité est : « Aimez-vous les uns les autres ; comme je vous ai aimés » (Jn 13.34). L'amour chrétien altruiste qui se sacrifie met immanquablement fin à la guerre des sexes.

« Par son commandement d'amour absolu... il rejette, une fois pour toutes, toute forme d'égoïsme ou d'oppression masculine envers les femmes... Jésus montre ainsi la seule voie par laquelle la relation entre hommes et femmes pouvait être rétablie malgré le péché. »[44]

Les nouveaux enseignements que Jésus présenta aux Juifs traditionalistes du premier siècle sont vraiment remarquables. Ceux-ci, tout comme les actions de Jésus à l'égard des femmes, étaient inédits et se démarquaient des traditions. Le Jésus des Évangiles n'avait pas peur de confronter et les usages des hommes, et les ardents défenseurs de ces derniers.

Jésus n'a jamais négligé les femmes

Au cours de sa vie sur terre, Jésus honora, défendit et éleva les femmes de manières nouvelles et remarquables. Il ne craignait pas les autorités pro-masculines de son époque. Pourtant, il choisit douze apôtres hommes. Pourquoi ? La réponse à cette question demeure capitale si l'on veut progresser dans le débat.

Les féministes évangéliques affirment que le temps n'était pas propice pour choisir des apôtres femmes. Ils soutiennent que la culture du premier siècle nécessitait que Jésus choisisse des apôtres de sexe masculin, même si en théorie il aurait approuvé des apôtres femmes. Selon les interprètes féministes, Dieu devait adapter sa Parole à la culture patriarcale qui prévalait dans l'Ancien Testament afin d'être compris et accepté.[45] Ainsi, lorsque le Messie vint en tant que Dieu fait chair, Dieu, une fois de plus, redouta le terrible monstre qu'était la culture patriarcale. Les interprètes féministes croient que Jésus-Christ ne pouvait la défier s'il avait choisi une femme comme apôtre. Selon ce point de vue, même Jésus-Christ ne pouvait rien changer à ce que l'on trouve dans Genèse 3 et à la malédiction relevant de la chute !

La Bible, cependant, déclare que Jésus vint sur terre spécifiquement dans une culture juive au temps et à l'endroit fixés par Dieu (Ga 4.4). Le moment aurait donc été propice à de sérieux changements, car il aurait été la seule personne ayant le pouvoir et l'autorité de choisir des femmes comme apôtres, si cela avait été possible. Cependant, si cela n'a pu être fait, quand donc cela pourrait-il se faire ? Quand la société se déclarerait-elle prête à nommer des apôtres femmes ? Cela a-t-il déjà eu lieu ? Serait-ce en 1848, lors de la première conférence sur les droits de la femme, à la convention de Seneca Falls, de New York ? Serait-ce en 1949 avec la parution du livre de Simone de Beauvoir, *Le deuxième sexe* ? La société séculière occidentale déterminerait-elle le moment approprié pour que Jésus puisse enfin s'exprimer sur la question ?

Si Jésus, par son œuvre de rédemption, avait voulu abolir les distinctions de rôle comme l'affirment les féministes, le choix des douze s'avérait alors être le moment le plus propice de l'histoire pour agir et le démontrer en choisissant des femmes comme apôtres. L'apostolat était le fondement de l'Église, et le choix de Jésus à l'égard des douze apôtres affecterait nécessairement l'Église pour les deux mille ans à venir. Le choix des douze aurait donc été le moment opportun pour rompre avec la structure d'autorité patriarcale du peuple d'Israël. Mais Jésus n'en fit rien. Il perpétua le modèle d'autorité masculine.

Jésus (et le Père) connaissait parfaitement les conséquences à long terme de ce choix. Les douze apôtres ont un lien direct avec les douze fils de Jacob, les douze tribus d'Israël (Ap 21.12-14).[46] Le fait de choisir douze hommes visait à perpétuer la prédominance masculine du passé, et cela jusqu'aux cieux car les noms des douze apôtres seront à jamais inscrits sur les fondements de la nouvelle ville éternelle de Jérusalem (Ap 21.14).

Si Jésus est l'égalitariste suprême comme certains voudraient le croire, il a de toute évidence laissé de côté les femmes à un moment critique de l'histoire. En tant que libérateur acclamé des femmes, Jésus n'aurait-il pas dû choisir six hommes et six femmes pour disciples, ou tout au moins une seule femme ? Une femme apôtre n'aurait-elle pas pu exercer un ministère auprès des femmes ?

Finalement, nous pourrions nous demander si Jésus se serait soucié d'être rejeté parce qu'il aurait tout bonnement choisi des femmes comme apôtres alors qu'il était déjà rejeté à cause de ses enseignements et de son comportement jugés scandaleux pour son époque. Cottrell déclare que Jésus « n'aurait été de toute manière ni écouté ni respecté par ceux qui se seraient opposés à un tel choix. S'il avait choisi de ne pas nommer de femme parmi les douze pour cette raison supplémentaire, alors la stratégie aurait été bien futile et une occasion en or se serait perdue ».[47]

Peu importe la manière dont font preuve les féministes pour faire passer le message, en fin de compte ils ne font que faire injure à la personne de Jésus-Christ lorsqu'ils affirment que l'absence de femmes en tant qu'apôtres était due à la concession qu'il effectua à l'égard des coutumes juives de son époque.

> *Si Jésus, par son œuvre de rédemption, avait voulu abolir les distinctions de rôle comme l'affirment les féministes, le choix des douze s'avérait alors être le moment le plus propice de l'histoire pour agir et le démontrer en choisissant des femmes comme apôtres.*

Si Jésus céda à sa culture pro-masculine quant au choix de l'autorité apostolique, ce qu'il fit et ce qu'il enseigna à propos des femmes deviendrait carrément hors de propos. Nous ne pourrions pas compter sur lui dans le débat sur les sexes. Mais il n'en est rien. Jésus agissait conformément aux principes divins (Genèse 2) lorsqu'il porta son choix sur des apôtres hommes. Il est la solution à la confusion qui règne au sein de ce débat :

> Jésus-Christ est venu pour montrer le chemin, celui de la coopération et non de la compétition, le chemin de la paix et non celui de la guerre entre les sexes. Il n'est pas venu pour changer l'ordre créé, lequel comprend l'autorité de l'homme et la soumission de la femme ; mais il s'est offert plutôt pour le transformer par son amour et sa grâce, afin que ce que Dieu a créé puisse être racheté et fonctionner de manière appro-

priée. Si nous ne considérons pas cette voie, alors hommes et femmes seront perdants et la vérité s'en trouvera voilée pour le monde.[48]

Questions d'approfondissement

1. Pourquoi, pour un chrétien, Jésus-Christ demeure-t-il le point central du débat sur les sexes ? Énumérez autant de raisons que possible.
2. Que veulent dire les croyants lorsqu'ils affirment que Jésus-Christ a deux natures alors qu'il est également une seule personne ?
3. Donnez plusieurs raisons pour attester que Jésus-Christ devait naître sous une forme masculine. Quelle est celle qui vous paraît la plus importante ?
4. Pourquoi le fait de nier la nécessité pour Jésus d'être un homme entre-t-il en conflit avec le plan du salut de Dieu ? Soyez précis.
5. Que répondriez-vous si l'on vous affirmait que nous pouvons prier et nous adresser à Dieu aussi bien en tant que Mère qu'en tant que Père ?
6. Que veut dire le mot *apôtre* ? Quelle importance revêt le fait d'être apôtre ?
7. Donnez les raisons théologiques et/ou bibliques pour lesquelles Jésus n'a choisi que des hommes comme apôtres.
8. Citez un exemple d'*action* non traditionnelle de Jésus réalisée en direction des femmes qui vous a le plus impressionné. Justifiez votre choix.
9. Citez un exemple d'*enseignement* non traditionnel du Seigneur concernant les hommes et/ou les femmes qui vous a le plus impressionné. Justifiez à nouveau.
10. Quel commandement important de Jésus-Christ, si on lui obéissait, mettrait fin à tous les abus des hommes envers les femmes ?
11. Citez un exemple de courage du Seigneur face à l'opposition religieuse. À la lumière de cet exemple, que répondriez-vous à la personne qui vous dirait que Jésus a choisi des hommes comme apôtres simplement pour ne pas heurter les coutumes qui prévalaient en son temps ?
12. Expliquez pourquoi l'énoncé suivant dit vrai : « Le choix des douze aurait été le moment le plus propice de l'histoire pour que Jésus agisse et nomme des femmes au poste d'apôtre ».

13. En quoi la réponse féministe sur le fait que Christ et les apôtres aient été de sexe masculin et aient été choisis comme tels conformément à une époque est-elle une injure à la personne de Christ ? Donnez-en plusieurs raisons.

14. Qu'avez-vous appris dans ce chapitre qui soit en mesure de redéfinir votre pensée et vos actions en rapport avec le débat sur les sexes ?

Chapitre 3

Par ses apôtres, Jésus-Christ enseigna sur le mariage

« Cette étude devient de plus en plus captivante à mesure que nous avançons », s'exclama Tom.

« Oui. Comme le dit l'écrivain écossais Thomas Carlyle, "la Bible est pleine d'infinités et d'immensités". Plus vous étudiez la Bible, plus vous en voyez toute la profondeur et réalisez que son auteur est Dieu. En fait, nous commençons seulement à effleurer le sujet. »

« Et maintenant, qu'abordons-nous ? » demanda Tom.

« Le mariage chrétien. »

« Je croyais que nous avions déjà examiné l'enseignement de Jésus sur le mariage en Matthieu 19 », poursuivit Tom.

« Effectivement, mais Jésus a donné d'autres directives importantes sur le mariage chrétien par le biais de ses apôtres. »

« Que veux-tu dire, par le biais de ses apôtres ? »

« Après être monté au ciel, Jésus poursuivit son œuvre et enseigna par la bouche de ses élus. Même si Jésus n'a laissé aucun document écrit de sa main, de façon surnaturelle, il donna pouvoir aux apôtres de proclamer ses enseignements et de les reproduire sous forme écrite. Ainsi, rejeter leurs lettres signifierait rejeter Jésus-Christ lui-même, et désobéir à ceux-ci reviendrait tout simplement à désobéir au Seigneur. »

« Je ne l'avais pas réalisé », dit Tom avec surprise.

« Tom, les apôtres Pierre et Paul nous ont communiqué l'enseignement complet de Jésus sur le mariage chrétien. Les deux enseignent l'égalité dans le mariage, l'autorité de l'homme et la soumission de la femme. »

« Oui, mais les gens ne veulent rien entendre du mot soumission ! Le fait de penser qu'une épouse doit se soumettre à son mari nourrit des débats émotionnels plutôt intenses à l'école. »

« Je sais. Néanmoins, c'est quand même une doctrine chrétienne qui est affirmée à plusieurs reprises et défendue par les apôtres. »

« Oui, effectivement, on retrouve cet enseignement dans les Écritures », répondit Tom, « mais peut-être qu'il s'agit là seulement d'une considération culturelle, et que cela ne s'applique plus à nous aujourd'hui. »

« Ce n'est pas aussi simple. Paul et Pierre avaient ce sujet à cœur. Paul, plus que Pierre, parle de façon inflexible de la soumission et de l'autorité conjugales. Il défend sa position avec de puissants arguments tirés des récits de la création de l'Ancien Testament, du modèle de Christ et de son Église, de la relation existante entre les membres de la Trinité, d'un commandement de Christ, et en vertu de sa propre autorité apostolique. »

« Ouah ! Je n'avais pas réalisé tout cela ! », s'exclama Tom.

« Étudions-en les passages clés. Au fur et à mesure que nous avancerons, tu feras attention à la signification des mots clés utilisés par les apôtres pour définir la structure du mariage chrétien. Tom, les mots sont importants. Lorsqu'il s'agit d'une vérité doctrinale, on ne peut choisir n'importe quel terme sans le soupeser au préalable. Il faut remarquer aussi que le fait de changer la signification d'un mot peut changer la doctrine qui est censée être communiquée. Il y a encore autre chose que j'aimerais souligner. Observe bien ce que disent les apôtres quant au rôle du mari, à savoir que l'amour qu'il doit avoir pour son épouse doit être semblable à celui de Christ. Ne laisse pas le débat sur la soumission empiéter sur ce que nous enseigne le Nouveau

Testament de l'amour désintéressé que doit avoir le mari pour sa femme. »

1 Pierre 3.1-7 : la soumission et la compréhension

Pierre était l'un des douze apôtres. Il avait vécu avec Jésus-Christ, l'avait entendu enseigner, avait conversé avec lui, et l'avait vu interagir dans son quotidien avec hommes et femmes. Jésus-Christ a directement délégué Pierre pour qu'il soit un témoin de sa vie et de ses enseignements, pour qu'il soit l'une des pierres principales de son Église. Ainsi, les lettres de Pierre font autorité et sont irremplaçables. Pierre nous enseigne ce qu'il a reçu de Jésus-Christ ; il est donc de notre devoir de pratiquer et de transmettre tout ce qui se trouve dans ces lettres inspirées.

Que nous a dit Jésus de la relation époux-épouse ? Les propos tirés de la première épître de Pierre, au chapitre 3.1-7, sont éloquents :

Femmes, soyez de même soumises à vos maris, afin que, si quelques-uns n'obéissent point à la parole, ils soient gagnés sans parole par la conduite de leurs femmes, 2 *en voyant votre manière de vivre chaste et réservée.* 3 *Ayez, non cette parure extérieure qui consiste dans les cheveux tressés, les ornements d'or, ou les habits qu'on revêt,* 4 *mais la parure intérieure et cachée dans le cœur, la pureté incorruptible d'un esprit doux et paisible, qui est d'un grand prix devant Dieu.* 5 *Ainsi se paraient autrefois les saintes femmes qui espéraient en Dieu, soumises à leurs maris,* 6 *comme Sara, qui obéissait à Abraham et l'appelait son seigneur. C'est d'elle que vous êtes devenues les filles, en faisant ce qui est bien, sans vous laisser troubler par aucune crainte.* 7 *Maris, montrez à votre tour de la sagesse dans vos rapports avec vos femmes, comme avec un sexe plus faible ; ho-*

norez-les, comme devant aussi hériter avec vous de la grâce de la vie. Qu'il en soit ainsi, afin que rien ne vienne faire obstacle à vos prières.

Pierre exhorte les femmes chrétiennes à être soumises à leurs maris

Le thème principal de cette épître d'où a été tiré notre passage est la soumission (2.11-3.12). À partir du chapitre 2, Pierre exhorte ses lecteurs et bien-aimés à « se soumettre, à cause du Seigneur, à toute autorité établie parmi les hommes » (2.13). Il donne cette recommandation au gouvernement civil (2.13, 14), aux relations serviteur-maître (2.18-20) et aux femmes envers leurs maris (3.1-6). Ainsi, la soumission à toute autorité constitue une vertu chrétienne ; et cela ne se rapporte pas simplement aux femmes. « Hommes et femmes », écrivit Clark, « doivent se soumettre dans leurs relations subalternes. »[49]

Pierre donne une directive précise aux épouses croyantes : « vous, épouses, soyez soumises à vos maris afin que si l'un d'eux désobéit à la parole, il soit gagné sans un mot par votre comportement ». L'exhortation de Pierre à se soumettre ne s'adresse pas seulement aux épouses ayant des maris non croyants. Remarquez ce qu'il dit : « si l'un d'eux » est non croyant. Plusieurs, sinon la plupart des maris seraient donc croyants, or « si l'un d'eux » ne croit pas, Pierre demande à ce qu'il soit gagné par une conduite chrétienne qui se distingue. Les responsabilités réciproques qui incombent aux maris croyants, énoncées au verset 7, montrent que ceux-ci sont également concernés. Ainsi, qu'une femme soit mariée à un croyant ou non, elle doit « être soumise » à son mari.

La signification de la soumission (*hypotasso*)

Le mot grec se rapportant à l'expression être soumis figure parmi quatre mots clés ayant directement trait au débat sur les sexes :

Aide (de l'hébreu *ezer*)
Être soumis (du grec *hypotasso*)
Tête, chef (du grec *kephale*)
Prendre autorité (du grec *authenteo*)

Il est essentiel de bien comprendre ces quatre termes. Le verbe grec pour « être soumis » est *hypotasso*, qui veut dire aussi « se soumettre à », « être assujetti à », « être subordonné à ». Le mot implique toujours une relation de soumission à une autorité.

Dans notre culture contemporaine et sécularisée, le fait d'employer le terme de soumission à la relation époux-épouse reviendrait à se considérer comme un adepte du machisme ou un arriéré. Plusieurs imaginent la subordination de la femme en ayant en tête le fameux cliché de l'homme des cavernes traînant sa femme par les cheveux, ou une société qui retournerait à l'époque du Moyen-Âge. Le mot peut difficilement être utilisé dans notre culture sans être mal compris et provoquer du dédain. Il est chargé de connotations négatives, provocatrices, et pourtant la soumission est un mot biblique et aussi une vertu chrétienne. On ne peut s'en sortir comme cela.

Les féministes évangéliques la connaissent, mais ils prônent la « soumission mutuelle » entre le mari et son épouse. Ils nient tout rôle d'autorité unique qui échoit au mari seul, conformément à la volonté de Dieu. Ils sont profondément offusqués à l'idée que la femme seule ait à se soumettre à son mari de façon unilatérale, aussi nient-ils catégoriquement ce fait s'il n'est pas question également pour le mari de se soumettre en quelque manière que ce soit à elle.

Le problème qui est cependant soulevé réside dans le mot grec utilisé pour *soumission* qui a directement rapport avec la « soumission à une autorité ». Pierre sait de quoi il parle, c'est pourquoi il a voulu choisir la justesse de ce terme pour traduire au plus près ce qu'il avait à dire. Wayne Grudem, professeur de théologie au Trinity Evangelical Divinity School et érudit prônant la position complémentariste, affirme que le mot grec pour *soumission* « n'est jamais "mutuel" au sens premier du terme ; il est toujours unidirectionnel lorsqu'il fait référence à la soumission envers une autorité ».[50] Grudem est encore plus précis lorsqu'il affirme que « dans tous les exemples que nous pouvons

trouver, s'il est dit que la personne A "est assujettie à" la personne B, alors la personne B a une autorité unique que la personne A n'a pas ».[51]
Remarquez les exemples suivants, tirés du Nouveau Testament :
- Jésus était soumis à ses parents (Lu 2.51)
- Les citoyens étaient soumis au gouvernement (Ro 13.1)
- Les démons étaient soumis aux disciples (Lu 10.17)
- L'univers est soumis à Christ (1Co 15.27)
- L'Église est soumise à Christ (Ép 5.24)
- Dans le monde invisible, les autorités célestes sont soumises à Christ (1Pi 3.22)
- Les croyants sont soumis à Dieu (Ja 4.7)
- Les croyants sont soumis à leurs dirigeants spirituels (1Co 16.15, 16)
- Christ est soumis à Dieu le Père (1Co 15.28)
- Les serviteurs sont soumis à leur maître (Tit 2.5)
- Les femmes sont soumises à leurs maris (Ép 5.23)

Remarquez qu'aucune de ces relations ne connaît de réciproque. Dans ces relations autorité-soumission, les maîtres ne sont pas soumis à leurs serviteurs, le gouvernement n'est pas soumis aux citoyens, Christ n'est pas soumis aux anges, les parents ne sont pas soumis aux enfants, et les maris n'en sont pas plus soumis aux épouses. Le Nouveau Testament n'exhorte jamais le mari à se soumettre à son épouse ; c'est toujours l'inverse. Dans le mariage chrétien, les rôles mari-femme (chef/aide) ne sont pas interchangeables ni hors de propos.

> *Le mot 'soumission' peut difficilement être utilisé dans notre culture sans être mal compris et provoquer du dédain.*
> *Il est chargé de connotations négatives, provocatrices, et pourtant la soumission est un mot biblique et une vertu chrétienne.*
> *On ne peut s'en sortir comme cela.*

Gardez en tête qu'il y a différentes sortes de relations de subordination, dont chacune requiert une réponse différente de la part du subalterne et du chef. La relation mari-femme n'est pas une relation patron-employé, commandant-soldat ou enseignant-étudiant. C'est une relation d'amour, la plus intime de toutes les relations humaines. C'est une relation scellée par une alliance dans laquelle deux adultes deviennent unis en une seule chair. Au sein de cette union, l'un des partenaires dirige avec amour alors que l'autre soutient volontairement et activement celui-ci. Selon Genèse 2, le rôle de la femme est de soutenir le mari dans son leadership. *Il s'agit là d'un rôle actif et non passif.* Cela requiert de la sagesse, des aptitudes sociales, du discernement, de l'amour et de la force.

Étant donné que la relation conjugale consiste en une unité mais aussi en des différences de rôles, il y aura une belle part accordée à la mutualité et à l'interdépendance (voir particulièrement 1Co 7.3-5 ; 11.11, 12). « Dans un mariage chrétien sain… il y aura des moments importants consacrés à la consultation mutuelle et à la recherche d'une certaine sagesse, et la plupart des décisions ne seront prises qu'après la mise au point d'un consensus entre mari et femme ».[52] Les partenaires conjugaux doivent être des compléments, l'un pour l'autre, et non se faire concurrence.

Le mot clé : La *soumission* (du grec *hypotasso*)

Dans le contexte de la relation mari-épouse, le mot *soumission* (*hypotasso*) signifie « se soumettre à », « être assujetti à », « être subordonné à ». Le mot implique une relation de soumission à une autorité. Comme l'explique Grudem, le verbe *hypotasso* « n'est jamais "mutuel" au sens premier du terme ; il est toujours unidirectionnel lorsqu'il fait référence à la soumission à une autorité ».[53] Il ajoute que « dans chaque exemple que nous pouvons trouver, lorsqu'il est dit que la personne A "est assujettie à" la personne B, la personne B a une autorité unique que la personne A n'a pas. »[54] Le Nouveau Testament ne dit jamais que le mari doit être subordonné à sa femme ; il s'agit toujours de l'inverse. Le mot lui-même ne suggère pas une soumission « mutuelle ».

La beauté intérieure d'un esprit soumis

En fort contraste avec l'intolérance et le mépris de la société séculière à l'égard du mot *soumission*, Pierre affirme que la soumission de la femme envers son mari a de la magnificence, une magnificence vraie et éternelle aux yeux de Dieu. La beauté que Dieu admire chez une épouse est un « esprit doux et paisible » et le fait d'« être soumise » à son mari (v. 4, 5). Ces précieuses vertus émergent de la foi en Dieu qu'a la femme et non de la crainte de son mari ou de la société (v. 5, 6).

En contraste avec la beauté toute intérieure et spirituelle, Pierre avertit les femmes chrétiennes de ne pas accorder trop d'importance à l'apparence, à la beauté physique. Il commente les préoccupations qu'ont les femmes à l'égard des vêtements, de la coiffure, des bijoux et des cosmétiques lorsqu'il dit : « Votre parure ne doit pas être simplement extérieure, soit le tressage des cheveux, les bijoux en or ou les robes ». Pierre n'est pas en train de dire qu'une femme ne peut porter de robe ni tresser ses cheveux. Il avance tout simplement qu'une épouse chrétienne devrait davantage se préoccuper de sa beauté intérieure, de sa vraie personne, de ses attitudes personnelles, de son vrai moi, soit : « de la personne cachée au plus profond de son cœur », plutôt que de se soucier du vêtement, qui fait souvent l'objet de trop d'attentions.

Les limites de la soumission

Dans le contexte chrétien et celui du Nouveau Testament, direction et soumission décrivent la façon dont est régie la relation homme-femme (Genèse 2, chef/aide) et quelle doit être la disposition de la femme envers son mari. Il n'est jamais dit au mari croyant de forcer la soumission de son épouse.

> *Étant donné que la relation conjugale consiste en une unité ainsi que des différences de rôles, il y aura une belle part accordée à la mutualité et à l'interdépendance.*

Au contraire de ce que l'on pourrait penser, la femme chrétienne aide de façon volontaire son mari et se soumet à son autorité parce qu'elle croit au dessein de Dieu pour sa vie et sa relation. De plus, la soumission de la femme chrétienne envers son mari n'est pas dénuée d'intelligence, aveugle, servile. Une telle soumission ne serait d'aucune beauté ; elle est plutôt une conception déformée et païenne qui a déshumanisé la femme à travers le monde entier. La soumission conjugale chrétienne ne signifie pas que :
- La femme est inférieure
- La femme doit nécessairement être passive ou ne plus penser de son propre chef
- Le mari doit étouffer la créativité, les dons ou l'individualité de sa femme
- La femme doit faire tout ce que le mari lui demande ou que le mari puisse opprimer sa femme
- La femme prendra sur elle le péché et l'irresponsabilité de son mari
- La femme doit vivre avec un mari psychologiquement dangereux ou abusif.

La soumission biblique n'élimine pas les principes bibliques de justice, d'amour, de bonté et de compassion que chaque croyant, femme comme homme, doit pratiquer dans tous les aspects de sa vie et de son mariage. Pierre termine ses exhortations sur la soumission (1Pi 2.13-3.7) avec ces mots, qui s'appliquent également au mariage : « Enfin, soyez tous animés des mêmes pensées et des mêmes sentiments, pleins d'amour fraternel, de compassion, d'humilité. Ne rendez point mal pour mal, ou injure pour injure ; bénissez, au contraire, car c'est à cela que vous avez été appelés, afin d'hériter la bénédiction » (3.8, 9). Un bien magnifique conseil conjugal donné aux maris et aux épouses.

Il est également important de rappeler qu'aucun mari n'a l'autorité absolue, seul Christ en dispose. Il va sans dire qu'une femme ne doit pas obéir aux demandes malveillantes ou idées insensées de son mari (Ac 5.1-10). Une femme a la tâche biblique de dénoncer le péché de son mari (Mt 18.15) et de le l'exhorter (Col 3.16). Elle ne peut être l'aide voulue par Dieu (Ge 2.18) si elle ne le corrige pas, mais son attitude lorsqu'elle dénonce le comportement de son mari ou l'exhorte est celle d'une partenaire aimante et, quoiqu'il en soit, soumise. Dans certaines situations déchirantes, une femme chrétienne peut même avoir à divorcer ou à se séparer d'un mari foncièrement mauvais (Mt 19.9).

Un exemple sur ce thème serait à citer : Pierre indique qu'une femme chrétienne mariée à un homme non croyant a la liberté et même le devoir de réfléchir et de croire autrement que son mari. Elle doit chercher à le persuader de croire en Christ. Jésus-Christ est Seigneur, et donc la loyauté d'une femme est d'abord et avant tout envers lui, et non envers son mari. Pierre dit qu'une femme croyante doit « faire ce qui est droit » et ne pas avoir peur, même d'un mari hostile (v. 6). Une chrétienne mariée à un mari non croyant devra, en usant de grâce et de sagesse, se prémunir contre les faux dieux et les fausses doctrines de celui-ci.

> *La soumission biblique n'élimine pas les principes bibliques de justice, d'amour, de bonté et de compassion que chaque croyant, homme ou femme, doit pratiquer dans tous les aspects de sa vie et de son mariage.*

Pierre justifie la soumission en se servant de textes de l'Ancien Testament

L'enseignement de Pierre au sujet de la soumission n'est pas une concession faite aux coutumes conjugales gréco-romaines qui prévalaient à l'époque. Pas plus qu'il ne s'appuie sur les règles d'éthique ou la philosophie stoïque du monde gréco-romain. Il suit plutôt l'exemple d'interprétation de la Bible donné par Christ. Tout comme Jésus se servit du récit de la Genèse sur le mariage pour en montrer le modèle idéal (Mt 19.4-8), Pierre utilise cette même source pour soutenir son enseignement sur la soumission.

Pierre dit aux femmes chrétiennes d'agir à l'image des femmes croyantes de l'Ancien Testament qui ont mis leur confiance en Dieu et se sont soumises à leurs maris. Celles-ci établirent la norme à laquelle les femmes chrétiennes doivent se conformer quant aux attitudes à adopter. Pierre cite par exemple Sara, la femme d'Abraham, en tant qu'exemple de soumission chrétienne. Elle « obéit » à son mari et l'appela « seigneur », ce qui était un terme de respect et d'honneur à cette époque. Il est important de noter que Pierre ne vit pas dans la soumission de Sara une part de malédiction échue aux femmes (Ge 3.16). Il la considéra plutôt comme un modèle bénéficiant de l'approbation divine. Sara exerça son rôle conjugal comme Dieu l'avait envisagé lui-même.

Pierre exhorte les maris chrétiens à comprendre et à honorer leurs femmes

En 1 Pierre 3.7, Pierre a un message de même importance pour les maris chrétiens. Bien que l'époux ait un rôle unique d'autorité dans le mariage, il doit l'exercer de manière aimante et chrétienne.

Soyez un mari compréhensif

La première chose que Pierre demande d'un mari est qu'il ait de la « connaissance » (version Darby) (Note du traducteur : on trouve aussi un autre mot au sens proche dans la Bible de Jérusalem qui a trait à la compréhension). Le mot « connaissance » est traduit fidèlement du grec. De façon littérale, Pierre écrivit : « demeurez avec elle selon la connaissance ». Ainsi, si un homme doit vivre avec une femme, « il doit *savoir comment s'y prendre* ».[55] Un mari croyant doit également apprendre de sa femme et l'étudier. Il doit rechercher le discernement, la maîtrise de soi, l'amour, la patience, la grâce et la sagesse afin d'être un mari compréhensif.

Maris et femmes vivent ensemble et partagent les domaines les plus intimes de la vie humaine : sexualité, émotions, finances et spiritualité. Pour réussir à vivre une relation aussi intime, cela requiert beaucoup d'efforts et de sagesse. Cela exige une bonne connaissance du plan de Dieu à l'égard du mariage, particulièrement quant à l'enseignement de Dieu sur l'autorité et la soumission.

Cependant, certains hommes ne savent pas comment traiter une femme. Ils restent insensibles aux besoins et aux sentiments de leur compagne. De plus ils ne veulent rien entendre des frustrations et des blessures de celle-ci. Aussi ils se font des illusions. En général, ils ne pensent qu'à leur propre carrière et à leur réussite personnelle. Ils démontrent de ce fait un incroyable égoïsme et une insensibilité sans pareille. Ils ne sont capable que de faire souffrir les femmes. Ces hommes doivent se repentir, chercher conseil et étudier la parole de Dieu quant au rôle d'un époux chrétien. Pour eux, 1 Pierre 3 serait un bon début.

Honorez votre épouse

Le mari chrétien doit manifester un honneur tout spécial envers sa femme. Pierre en parle dans ces termes : « leur portant honneur (version Darby) [ou honorez-les] (version Louis Segond) ». Trop d'époux font sentir à leur femme qu'elle leur est inférieure et qu'elle ne mérite pas leur estime. Ils la tiennent pour acquise ; ils l'intimident, l'humilient, la critiquent et l'étouffent. Certains hommes cherchent à contrôler leur femme comme s'ils avaient dans leur main un petit enfant, et d'autres la négligent. Ce n'est pas la conduite que l'on recommande à un mari chrétien ; il s'agit là plutôt d'un comportement païen.

Un croyant se plaît à honorer son épouse. Il sait qu'elle a réellement droit à une place d'honneur particulière. C'est pourquoi il parle toujours en bien d'elle et s'adresse à elle d'une bonne manière. Il lui montre qu'elle est aimée et importante et qu'il est béni par elle en tant qu'époux. Il estime ses conseils et cherche à être repris par elle. Il lui rappelle qu'elle est une partie indispensable de sa vie, un don spécial du Seigneur, et qu'elle a « bien plus de valeur que les perles » (Pr 31.10).

Pierre donne trois raisons valables d'honorer et de comprendre sa femme :

- **C'est un vase plus faible.** Pierre le rappelle en premier à l'homme. Par cette considération, il ne cherche pas à rabaisser la femme puisque le mari est également regardé comme un vase. Par vase, il veut dire un être humain.

Pierre la qualifie non comme « l'épouse », mais « la femme », « l'être féminin ». Cela évoque pour le mari la nature féminine de sa femme. Elle n'est pas un homme. Dieu l'a créée avec des différences uniques. Le mari doit les comprendre s'il veut vivre avec son épouse et lui manifester la compréhension et l'honneur qui lui sont dus.

L'épouse doit être traitée avec un honneur tout particulier en raison de sa place de partenaire plus vulnérable. Elle est plus exposée aux abus physiques (sexuels et émotionnels), aux traitements injustes et au rejet. C'est pourquoi la plupart des villes ont des refuges pour protéger les femmes de la violence familiale, un problème mondial qui est d'ailleurs toujours en pleine croissance. Le mari, d'autre part, est physiquement plus fort, plus agressif, et émotionnellement moins sensible. Aussi le mari croyant doit considérer la place vulnérable qu'occupe son épouse et ne pas prendre injustement avantage sur elle.

Les remarques de Pierre ne nient en rien les forces et les habiletés uniques de la femme (Pr 31.10-31). Ici, il ne fait que rappeler aux hommes la nature féminine de la femme afin de les inciter à mieux les comprendre et les honorer.

- **Hommes et femmes sont égaux dans la vie spirituelle.** Pierre rappelle au mari que son épouse « doit aussi hériter de la grâce de la vie ». La femme est le vase le plus faible quant au sens du mariage sur la terre, mais elle n'est pas la plus faible quant à la vie spirituelle. La femme est cohéritière avec son mari du salut et de la vie éternelle (1.3-9) ; elle est donc l'égale de l'homme pour ce qui est de la foi. Tous les chrétiens, qu'ils soient hommes ou femmes, font partie du « sacerdoce royal », de la « nation sainte » et du « peuple que Dieu s'est choisi » (2.9).

- **Au sujet de la discipline divine.** Pierre avertit les maris, à savoir que s'ils n'honorent pas leur femme, leurs prières resteront sans réponse. Aucun homme ne peut se permettre de voir ses prières ignorées de

Dieu (v. 12). Une telle action de la part du Seigneur se veut être une discipline divine. Dieu est sérieux quand il s'agit pour un mari d'honorer son épouse. Un mari chrétien ne peut la traiter avec dureté ou la négliger, et être également un homme spirituel. Dieu ne pourra pas répondre à un mari hypocrite qui prie de façon éloquente devant l'Église, mais traite durement sa femme à la maison.

En résumé, la femme chrétienne doit se soumettre à son mari et le mari chrétien lui manifester de la considération et lui démontrer un honneur tout particulier. Ce sont là les enseignements de notre Seigneur qui ont été écrits par l'apôtre Pierre.

Éphésiens 5.21-33 : la soumission, l'autorité affectueuse et l'union en une seule chair

Paul ne figurait pas parmi les douze apôtres des débuts, mais il était bien apôtre. Alors qu'il était encore dans le sein de sa mère, Dieu l'avait mis à part pour une mission bien distincte : prêcher et parler de Christ aux nations (Ga 1.15,16). Sur le désormais célèbre chemin de Damas, le Christ ressuscité et glorifié est apparu soudainement à Paul pour le choisir en tant qu'apôtre.

Comme les douze, Paul est un envoyé officiel du Christ ; il peut adresser des exhortations et exiger l'obéissance. Par conséquent, les instructions de Paul adressées aux femmes et aux hommes chrétiens sont aussi les instructions de Christ. Au cours d'un exposé sur le rôle de la femme lors d'une réunion d'Église, Paul a pu dire : « Si quelqu'un croit être prophète ou inspiré, qu'il reconnaisse que ce que je vous écris est *un commandement du Seigneur* » (1Co 14.37 ; italiques pour souligner). Comme Pierre, Paul ne s'appuie par sur le sexisme ou la misogynie pour définir la relation hommes-femmes en termes d'autorité et de soumission. Ces deux hommes étaient des messagers choisis par Christ qui enseignaient le plan de Dieu pour les deux sexes. Affirmer qu'ils étaient misogynes qualifierait Christ de la sorte.

Paul n'était pas, comme certains veulent le faire observer, un prédicateur frustré, vieux et machiste de surcroît qui aurait eu peur des femmes. Le dépeindre comme un homme d'une certaine étroitesse d'esprit et détestable nie de façon grotesque les faits historiques. Le Nouveau Testament le décrit plutôt comme une personne dotée d'une intelligence remarquable et d'une grande culture. La Bible le dépeint aussi comme étant un homme compatissant, désintéressé, humble, infiniment sensible aux sentiments des autres, et, par-dessus tout, affectueux. L'amour caractérise l'attitude de Paul envers les femmes, attitude influencée par celle de Christ à leur égard. C'est pourquoi il peut dire avec confiance à ses enfants dans la foi : « Soyez mes imitateurs, comme je le suis moi-même de Christ » (1Co 11.1).

Paul, le même homme qui exhorta les femmes à se soumettre à leurs maris, écrivit les mots les plus forts n'ayant jamais été écrits sur l'amour : « Quand je parlerais les langues des hommes et des anges, si je n'ai pas la charité, je suis un airain qui résonne, ou une cymbale qui retentit. Et quand j'aurais le don de prophétie, la science de tous les mystères et toute la connaissance, quand j'aurais même toute la foi jusqu'à transporter des montagnes, si je n'ai pas la charité, je ne suis rien » (1Co 13.1, 2). De plus, s'il était misogyne, il ne pourrait dire à un époux d'aimer sa femme de manière désintéressée, tout comme Christ le fit, ou d'être prêt à mourir pour elle, comme l'apôtre l'écrivit dans Éphésiens 5 (voir aussi 1Co 7.4, 5).

Considérons maintenant brièvement cinq passages tirés des écrits de Paul sur le mariage (Ép 5.21-33 ; Col 3.18, 19 ; 1Co 7 ; Tit 2.4, 5 ; 1Ti 3.4, 5), en commençant par Éphésiens 5, qui figure parmi les textes bibliques les plus éminents sur le mariage chrétien. Il s'agit là peut-être du passage le plus important pour notre étude sur la question des sexes. Ce passage devrait d'ailleurs être approfondi à l'intérieur des programmes chrétiens de préparation au mariage et cité lors de la célébration d'un mariage.

En effet, ce texte imposant définit la structure de base d'un mariage chrétien : une union en une seule chair entre un homme et une femme, caractérisée par la soumission volontaire de la femme à son mari et l'autorité affectueuse et les attentions de celui-ci à l'égard de son épouse. Le modèle parfait de cette union conjugale est la relation Christ-Église, qui a un caractère tout à fait unique, Christ étant la tête affectueuse de la relation et l'Église lui étant soumise en toutes choses.

Dieu a donc défini le mariage comme une union au sein de laquelle des rôles distincts sont échus à chaque partenaire. Nier ces différences dans l'union, c'est nier le mariage sous la forme que Dieu avait prévue. Plus qu'aucun autre passage des Écritures, Éphésiens 5 rend ce point clair comme de l'eau de roche.

De plus, selon la même source, la clé de la relation autorité-soumission réside dans l'amour. Sans amour, cette doctrine se détériore facilement et prend une forme machiste. C'est pourquoi il est absolument nécessaire que l'enseignement complet du passage soit donné.

La première étape d'une étude biblique sérieuse et de son interprétation commence par une lecture attentive et répétée du texte lui-même. Prenez le temps de lire les versets ci-dessous de manière méthodique et réfléchie.

Vous soumettant les uns aux autres dans la crainte de Christ. 22 Femmes, soyez soumises à vos maris, comme au Seigneur ; 23 car le mari est le chef de la femme, comme Christ est le chef de l'Église, qui est son corps, et dont il est le Sauveur. 24 Or, de même que l'Église est soumise à Christ, les femmes aussi doivent l'être à leurs maris en toutes choses. 25 Maris, aimez vos femmes, comme Christ a aimé l'Église, et s'est livré lui-même pour elle, 26 afin de la sanctifier par la parole, après l'avoir purifiée par le baptême d'eau, 27 afin de faire paraître devant lui cette Église glorieuse, sans tache, ni ride, ni rien de semblable, mais sainte et irrépréhensible. (Ép 5.21-27)

Paul exhorte les épouses à se soumettre à leurs maris

Dans un style clair et précis, Paul exhorte les femmes chrétiennes à se soumettre à leurs maris : « Femmes, soyez soumises à vos maris, comme au Seigneur » (v. 22). Le verbe grec pour « se soumettre à » (*hypotasso*) est le même verbe que celui utilisé en 1 Pierre 3.1. Il signifie « prendre un rôle subalterne en rapport avec celui d'autrui ».[56]

Dans ses propos sur la soumission de la femme en Éphésiens 5 et Colossiens 3, George Knight III, un commentateur biblique et ancien professeur du Nouveau Testament au Knox Theological Seminary, affirme : « Cette exhortation spécifique donnée à la femme quant au fait d'être subordonnée à son mari est l'enseignement universel du Nouveau Testament. Chaque passage qui traite de la relation homme-femme indique qu'elle doit "se soumettre à" lui, en employant le même verbe (*hypotasso*) : Éphésiens 5.22 ; Colossiens 3.18 ; 1 Pierre 3.1 ; Tite 2.4s ».[57]

Certains commentateurs insistent pour dire qu'Éphésiens 5 enseigne la « soumission mutuelle » entre le mari et son épouse. Ils citent Éphésiens 5.21, « vous soumettant [*hypotasso*] les uns aux autres dans la crainte de Christ » et en concluent que le mari doit se soumettre à sa femme de la même manière que la femme elle-même est soumise à son mari. Cette interprétation d'Éphésiens 5.21 est toutefois erronée. On ne peut utiliser ce verset pour balayer du revers de la main l'enseignement des versets 22 et 23. Il n'y a cependant aucun conflit entre eux tous. Le sens du passage « vous soumettant les uns aux autres » est donné en détails dans les versets qui suivent. Et ceux-ci évoquent la même considération, à savoir que les femmes doivent être soumises à leurs maris.

Bien sûr, nous y trouvons aussi une seconde attente selon laquelle le mari, en tant que chef chrétien, se doit de chercher conseil et correction auprès de son épouse ou de lui adresser des requêtes. Le véritable amour se soumet, et même se sacrifie lui-même au bénéfice de son prochain (voir 1Co 7.3-5). Cependant un tel sacrifice n'élimine en rien la structure d'autorité-soumission du mariage. Le mari a toujours une autorité que la femme n'a pas, une autorité à laquelle une femme chrétienne se soumet volontiers.

Éphésiens 5.21 et la soumission mutuelle

Tout d'abord, le verbe « se soumettre à », comme il a été déjà expliqué dans les commentaires sur 1 Pierre 3.1, indique toujours une soumission unidirectionnelle à une autorité quelconque, non une soumission mutuelle. De plus, le pronom grec pour « les uns aux autres » possède deux sens bien distincts, soit : « tous envers tous » (quelque chose que chacun fait à l'égard de l'autre) ou « certains envers d'autres ». Dans le dernier cas, le contexte entier et le verbe « se soumettre à » observant le sens « certains envers d'autres », fait allusion directement à la position de la femme vis-à-vis de son mari.

Le contexte (5.22 à 6.9) met en avant trois groupes bien spécifiques pour lesquels Paul a manifesté un intérêt particulier. Ainsi, énumère-t-il pour nous les autorités à qui la soumission est due dans chacun de ces ensembles – les épouses envers leur mari (5.22), les enfants envers leurs parents (6.1), et les esclaves envers leurs maîtres (6.5). Ainsi, le verset 21 n'est pas laissé au hasard ; il est expliqué et développé dans les versets qui suivent (5.22 à 6.9). Le contexte entier ne peut donc admettre l'idée d'une égale soumission entre les époux, pas plus qu'il n'exhorte les parents à se soumettre à leurs enfants et les maîtres à obéir à leurs esclaves.

Troisièmement, si Paul avait eu l'intention de promouvoir parmi les couples chrétiens la culture de domination masculine qui prévalait au premier siècle, sur le fait que le mari devrait se soumettre à sa femme de la même manière qu'elle-même lui est soumise, il n'aurait pas réussi à faire passer son message. Par contre, l'enseignement du contraire fut porteur. Par d'éminentes images à caractère théologique, Paul enseigne clairement que la femme doit être soumise à son mari tout comme doit l'être l'Église à l'égard de Christ, et que le mari est le chef de la femme comme Christ est le chef de l'Église. Ce serait ici une manière bien étrange d'enseigner la soumission mutuelle si telle était l'intention de Paul. Assurément, le mari chrétien de cette époque qui aurait eu besoin d'entendre dans un langage clair qu'il doive se soumettre à sa femme dans une relation où la soumission mutuelle est de mise, n'aurait pas pris cette exhortation au sérieux dans Éphésiens 5.23-33.

Se soumettre comme au Seigneur

La femme chrétienne doit se soumettre à son mari « comme au Seigneur », c'est-à-dire comme à Jésus-Christ. George Knight fait le commentaire suivant : « Le comparatif "comme au Seigneur" rappelle ce que devrait être et ce qui caractérise la soumission chrétienne d'un croyant quant au Seigneur Jésus. Cette seule qualification veut tout dire. »[58] Cette petite expression détermine la soumission de la femme envers son mari et comprend l'assujettissement à Christ. Jésus approuve donc le principe de soumission de la femme et voudrait que celle-ci soit propice à son mari tout comme à Lui.

Derrière la soumission, une raison théologique profonde

Éphésiens 5 est extrêmement important pour notre sujet car il explique le pourquoi de la subordination de la femme. Après avoir exhorté les femmes à se soumettre à leurs maris (v. 22), Paul en donne immédiatement la raison : « car le mari est le chef de la femme, comme Christ est le chef de l'Église, qui est son corps, et dont il est le Sauveur » (v. 23). Notez les deux points suivants.

> *Cette exhortation spécifique adressée à la femme se veut être un enseignement universel du Nouveau Testament. Chaque passage qui traite de la relation de la femme avec son mari l'invite à « se soumettre à » lui en utilisant le même verbe ('hypotasso').*
> George Knight

- **Le mari est le chef.** Les Écritures ne disent pas que le mari *doit* être le chef de la femme mais qu'il l'*est*. L'excellent commentaire de Werner a tout le mérite d'être ici repris :

> Tout comme on ne peut confesser le nom de Jésus-Christ sans en affirmer la seigneurie, de même il est impossible de confesser la nature masculine sans en affirmer l'autorité. Lorsqu'un homme refuse d'ac-

cepter sa responsabilité de chef au sein de son couple, il se rebelle contre l'ordre voulu de Dieu et vit en contradiction avec sa propre nature. L'Éternel a placé le mari au-dessus de sa femme comme il a placé Christ au-dessus de l'Église.[59]

- **L'autorité du mari est basée sur l'autorité de Christ.** Le fondement de l'autorité du mari ne se trouve pas dans la culture romaine de cette époque, mais plutôt en Christ et son Église. C'est là l'argument le plus convaincant étant donné que l'autorité au sein d'un mariage chrétien n'est pas culturelle mais divinement voulue : le mari est le chef de la femme comme Christ est le chef de l'Église. Le Seigneur et ses rachetés, l'Église, sont la base et le motif derrière lequel se trouvent la soumission de la femme et l'autorité de l'homme. Un mariage réussi est un mariage qui aurait pour modèle la relation qui existe entre Christ et son Église.

Le mot « chef » figure parmi les quatre termes clés qui se trouvent au centre du débat sur les attributions de rôle dans le couple. Pour avancer au mieux dans cette recherche, il vous faudra saisir la signification exacte de ce mot.

Le mot grec pour « chef » est *kephale*. Il s'agit du mot grec courant pour exprimer littéralement la tête physique du corps humain, mais il est également utilisé au sens figuré (métaphorique) et se traduit alors par « quelqu'un dans une position d'autorité » ou « chef ». Tout comme la tête au sens premier du terme est au sommet du corps et qu'elle le dirige, la *tête* devient facilement une métaphore représentant le chef ou une image d'autorité.

> *Les Écritures ne disent pas que le mari doit être le chef de la femme, mais qu'il l'est.*

Il est rapporté de Christ qu'il est « le chef suprême ». Éphésiens 1.22 déclare que « [Dieu] a tout mis sous ses [Christ] pieds, et [qu']il l'a donné pour chef suprême à l'Église ». Aussi lorsque Paul affirme de manière claire et précise en Éphésiens 5.23, que le mari est le chef de la femme, il veut dire par là le leader, l'autorité dans le mariage. En tant que chef, il dirige la famille et en est de ce fait responsable en pourvoyant à son bien-être. La femme doit lui être subordonnée parce qu'il est le « chef » désigné de Dieu.

Les féministes protestent vivement contre cette conclusion. Ils refusent d'accepter l'interprétation du mot « chef » comme « quelqu'un ayant autorité ». Ils prétendent plutôt que celui-ci, dans Éphésiens 5.23, veut dire « origine » ou « source de vie », sans aucune référence au mot « autorité ». Ils croient que le mari est la source de vie de la femme avec pour objet l'amour qui se sacrifie, se donne, dans le sens du service et de l'aide voués à sa compagne. Selon Rebecca Groothuis, la femme doit donc « se soumettre à la vie ».[60]

Wayne Grudem, qui a compris la nécessité de bien traduire le mot « chef »[61], affirme ceci : « J'ai déjà regardé plus de 2 300 occurrences du mot "chef" (*kephale*) dans le grec ancien. Dans ces textes, le mot *kephale* s'applique à des gens ayant une position d'autorité, et non à ceux qui ne l'exerce pas. »[62] Il poursuit : « *Dans les milieux où le grec était parlé, être le chef d'un groupe signifiait toujours avoir autorité sur les personnes qui le composaient* ».[63]

Grudem continue en affirmant que si les féministes prétendent comprendre par tête le mot « source » ou « origine » sans l'idée même d'une autorité quelconque, il faudrait alors leur poser la question suivante : « *Vous dites que le mot grec pour "tête" veut dire "source sans l'idée d'autorité". Voulez-vous me montrer un exemple dans tout le grec ancien où ce mot (kephale) est utilisé pour évoquer une personne et signifier ce que vous prétendez, à savoir qu'elle constitue une "source sans autorité"* ? »[64] Grudem conclut :

> Lorsqu'il est dit d'un individu qu'il est le « chef » d'un autre (ou de plusieurs), celui qui est appelé le « chef » a toujours une fonction d'autorité (comme le général d'une armée, l'empereur romain, Christ, les chefs des tribus d'Israël, David comme chef des nations, etc.). De façon explicite, nous ne pouvons trouver aucun texte [dans la littérature grecque] où une personne A est appelée le « chef » d'une ou de plusieurs personnes B sans avoir une position d'autorité sur cette ou ces personnes.[65]

De plus, tout le contexte figurant dans Éphésiens 5.21-6.9 au sujet de la soumission et du leadership dans les relations mari-femme, enfants-parents, et serviteurs-maître, devrait suffire à régler la question de la signification du mot « chef ».

> *C'est là l'argument le plus convaincant étant donné que l'autorité au sein du mariage chrétien n'est pas culturelle, mais voulue de Dieu : Le mari est le chef de la femme comme Christ est le chef de l'Église.*

Au verset 22, la femme est exhortée à se soumettre à son mari qui est appelé « le chef de la femme ». Cela signifie de manière évidente que le mari fait figure d'autorité (tête). Autrement, l'instruction de se soumettre n'a aucun sens. Comme le conclut si bien un érudit : « il faut faire violence au texte pour convenir que l'idée d'autorité est absente des termes "chef" et "soumission" dans Éphésiens 5.22-33 ».[66]

Le mot clé : *Tête* (du grec *kephale*)

Le mot grec pour *tête* (*kephale*) est utilisé au sens figuré pour signifier « quelqu'un qui a autorité sur » ou « leader ». Lorsque les Écritures disent que « le mari est le chef de la femme », cela veut dire qu'il est le leader des deux personnes, celui qui a autorité. Le mot « tête » *ne signifie pas* « source de vie » ou « origine ».

La soumission de la femme a pour modèle la soumission de l'Église

Le fondement de la subordination de la femme n'est pas la culture romaine du premier siècle, mais plutôt Christ et son Église. Paul déclare que celle-ci doit se soumettre à son mari « de même que l'Église est soumise à Christ » (v. 24). Dans le mariage chrétien, la femme représente l'Église qui se soumet librement et volontairement à l'autorité de

Christ, et le mari représente Christ, le chef prêt à se donner pour celle-ci, la tête qui aime l'Église.

Paul exhorte les maris à aimer leur femme comme Christ a aimé l'Église

Jusqu'ici dans Éphésiens 5, nous nous sommes concentrés sur l'exhortation de Paul concernant la soumission des femmes à leurs maris (Ép 5.22-24). Nous portons maintenant notre attention sur l'invitation de Paul faite aux maris à aimer leur femme (Ép 5.25-32). Éphésiens 5 enseigne des vérités saisissantes et profondes à la fois, mais l'un des concepts les plus révolutionnaires se trouve dans le fait que les maris chrétiens doivent aimer leur femme comme Christ a aimé lui-même son Église. David Martyn Lloyd-Jones exprime de main de maître la nature inhabituelle de ce commandement :

> Cette affirmation, lorsqu'elle fut écrite par l'apôtre, était l'une des plus étonnantes qui soit sur le papier. Lorsque nous lisons le point de vue des païens sur le mariage, et particulièrement l'attitude typique des maris envers leur femme – et, bien sûr, non seulement des païens, mais aussi de ce que vous pouvez retrouver dans la lecture de l'Ancien Testament – nous constaterons à quel point l'exhortation est révolutionnaire et transformante.[67]

Le drame, c'est que certains hommes chrétiens confondent autorité et dictature ou seigneurie, et adoptent le rôle d'un patron. La doctrine chrétienne d'autorité a donc été mal utilisée pour justifier l'abus physique et psychologique des femmes, le fait de les « remettre à leur place », en les rabaissant et les contrôlant, en les poussant à s'épuiser au travail, ou en les négligeant. Mais les maris chrétiens qui abusent de leur femme ou les négligent ne comprennent pas la valeur authentique du mariage selon Christ. Ils ne saisissent pas le leadership d'amour et de service qui se trouve derrière Éphésiens 5.

> *Le modèle qui traduit le mieux l'autorité des maris devrait être l'amour sacrificiel que Christ a donné en exemple pour tous.*

Éphésiens 5 n'enseigne pas au mari de régner ou de prendre le contrôle de sa femme. Pas plus qu'il ne dit de forcer leur femme à la soumission. Il exhorte plutôt les maris à aimer comme Christ a aimé et aime encore. Selon les bonnes paroles d'un théologien : « La vocation d'"autorité" du mari n'implique pas que la volonté de l'homme doit nécessairement prévaloir. Paul n'entend pas que le mari doive n'en faire qu'à sa tête mais qu'il se sacrifie par amour. »[68] Le pasteur John Piper, auteur prolifique, expose ce point étonnant et juste lorsqu'il dit que « le mari qui se plonge devant son téléviseur et qui donne des ordres à sa femme comme à une esclave a substitué Christ à Archie Bunker* ».[69]

Une autre interprétation mauvaise de ce passage à corriger nécessairement, est la pratique qui consiste à enseigner aux femmes la soumission tout en négligeant d'exhorter les maris à les aimer comme Christ a aimé et aime l'Église. Beaucoup de machistes sont à même d'ignorer le commandement d'Éphésiens 5 sur l'amour que doit avoir un mari pour sa femme et concentrent leur attention uniquement sur la soumission de celle-ci. Ils semblent vouloir seulement croire que ce qu'enseigne la Bible autour du mariage tourne autour des « femmes qui doivent se soumettre ». Cela constitue véritablement un très grand déséquilibre, car la majeure partie d'Éphésiens 5 traite du devoir du mari d'aimer sa femme (v. 25-32). La plus grande responsabilité se trouve sur les épaules du mari qui se doit d'imiter le leadership d'amour de Christ.

Mary Kassian, une grande écrivain et conférencière en faveur de la position complémentariste exprime très bien la frustration que ressentent de nombreuses femmes à l'égard de cette injustice :

> L'enseignement sur les rôles conjugaux a souvent été disproportionné. On entend beaucoup prêcher sur la soumission de la femme sans entendre parler des responsabilités relatives à l'homme. C'est là une

---

*NDT : personnage particulièrement antipathique d'une série télévisée américaine de 1971 à 1983

source de frustration continuelle pour les épouses. Elles entendent constamment discourir sur la manière dont elles ont à se soumettre à leur mari mais rarement sur le fait que cela puisse être tempéré par la responsabilité de leur conjoint de les aimer au sens pratique du terme.

En conséquence, des femmes se sont rebellées contre l'enseignement biblique. Aussi, l'accent exagéré qui est mis sur le rôle de la femme a conduit les hommes à croire que leur tâche, en tant que chef spirituel, est d'encourager leur femme à se soumettre et à apprendre la soumission. Seulement cette croyance crée une attitude de dureté, de domination, de machisme, qui fait que les femmes ont encore plus de difficultés à remplir leur rôle. On pourrait éviter bien des amertumes et des protestations si l'accent était mis sur les rôles conjugaux et notamment le rôle de l'homme à exercer un leadership d'amour plutôt que d'insister sur celui de la femme à se soumettre.[70]

Aimer sa femme comme Christ a aimé et aime l'Église

La norme qui régit l'autorité des maris est l'amour sacrificiel que Christ a donné en exemple. Christ a aimé l'Église et lui a démontré tout son amour de la manière la plus profonde qui soit. Il s'est donné *Lui-même* pour son épouse. Il est mort pour elle (v. 25). Il est « le Sauveur du Corps » (v. 23). « Un amour plus excellent que celui-ci est inconcevable. »[71] Christ la sanctifie et la purifie également (v. 26), et il la rendra sainte et irrépréhensible (v. 27). Christ rencontrera son épouse (l'Église), rendue sainte et irréprochable, tout comme lui, l'Époux, est saint et sans taches (v. 27). C'est le genre d'autorité que Christ exerce sur son Église, une autorité qui a du prix, compréhensive, aimante. Il s'agit de l'amour *agape*, dénué de tout égoïsme, qui se donne.

De même, les maris chrétiens doivent, au sens le plus élevé, aimer leur femme. Ils doivent donner tout ce qu'ils peuvent à leur femme – y compris leur vie si cela s'imposait (v. 25). Ils doivent la protéger des mauvaises influences et veiller à leur perfection et leur beauté spirituelle. « L'amour du Seigneur pour son Église est le modèle de l'amour du mari pour sa femme. »[72]

> *Le foyer chrétien et l'Église, au-delà de toute autre institution, doivent être les endroits où les femmes peuvent être aimées et honorées, et non mises de côté et abusées.*

Par conséquent, la marque distinctive du foyer chrétien doit être un amour dénué de tout égoïsme, prêt à se donner, un amour qui débute avec le mari. C'est là le genre de leadership que les époux doivent exercer envers leur conjointe.

Éphésiens 5 brise assurément les chaînes de l'exploitation des femmes par les hommes. Le foyer chrétien et l'Église, au-delà de toute autre institution, doivent être les endroits où les femmes peuvent être aimées et honorées, et non mises de côté et abusées. Messieurs, prenez garde à ces paroles !

Aimer sa femme comme son propre corps

Les versets 28 à 33 constituent une nouvelle section dans laquelle Paul réaffirme l'amour que doivent porter les maris envers leur femme. Il poursuit en ajoutant à cela une autre raison : l'unité de la relation homme-femme. Le mari et la femme ne sont pas deux, mais une seule chair, une personne. Cette section entière a pour base l'énoncé de Genèse 2.24, repris dans Éphésiens 5.31 : « les deux deviendront une seule chair ». Éphésiens 5.28-33 :

> *C'est ainsi que les maris doivent aimer leur femme comme leur propre corps. Celui qui aime sa femme s'aime lui-même. 29 Car jamais personne n'a haï sa propre chair ; mais il la nourrit et en prend soin, comme Christ le fait pour l'Église, 30 parce que nous sommes membres de son corps. 31 C'est pourquoi l'homme quittera son père et sa mère, et s'attachera à sa femme, et les deux deviendront une seule chair. 32 Ce mystère est grand ; je dis cela par rapport à Christ et à l'Église. 33 Du reste, que chacun de vous aime sa femme comme lui-même, et que la femme respecte son mari.*

- **Le mari et la femme sont un seul corps, une seule chair, une seule personne.** Le verset 28 exhorte les maris à « aimer leur femme comme leur propre corps ». Le point le plus important dans le mariage réside dans l'unité. Les liens du mariage créent une union intime et permanente entre l'homme et la femme, union en « une seule chair ». Le mari et la femme ne sont pas deux personnes isolées, ils sont un. « À la lumière de cela », Lloyd-Jones écrit avec justesse : « le mari ne doit plus penser de manière individuelle ».[73] Il doit aimer sa compagne en étant prêt à se donner pour elle parce qu'elle est une partie de lui-même.

Il est donc naturel que le mari agisse envers sa femme comme il agirait envers son propre corps dont il s'occupe de manière spontanée. Toute personne équilibrée aime son corps dans le sens où elle va en prendre soin quant à ses besoins pratiques tels la nourriture, le vêtement et le logement. Les maris chrétiens doivent ainsi nourrir et chérir tendrement leur femme et veiller à leurs nombreux besoins fonctionnels tout comme ils s'occupent de leur propre corps et de leur bien-être (v. 28, 29). De plus, l'unité de la relation mari-femme est tellement vraie que le fait pour un homme de négliger sa femme ou de lui faire du tort revient à dire qu'il se néglige ou se fait du tort à lui-même.

L'un des principaux buts du mariage, tel qu'il est présenté dans les Écritures, est l'unité. Ce qu'il est bon de saisir est que cette *unité* dans l'union est intimement liée à l'autorité et à la soumission. Pour réaliser la véracité de cette relation en une seule chair, le mari doit prendre la direction de son couple de manière désintéressée et prendre soin de sa femme tout comme Christ dirige l'Église et en prend soin, la femme pour sa part doit se soumettre à son mari et l'appuyer dans sa tâche de la même manière que l'Église elle-même se soumet à Christ et appuie son autorité. Même si maris et femmes ont des rôles bien distincts au sein du mariage, les deux pensent aux intérêts, à l'accomplissement et au bien-être de l'autre.

- **Christ et son peuple sont un seul corps.** Après avoir mandaté les maris d'aimer leur femme comme leur propre corps, Paul fait à nouveau le lien avec Christ et l'Église (v. 29-32) : « Car jamais personne n'a haï sa propre chair [son corps] ; mais il la nourrit et en prend soin, comme Christ le fait pour l'Église, parce que nous sommes membres de son corps ». Encore une fois, le soin que prend Christ envers l'Église (v. 29) est le modèle parfait que le mari doit imiter.

Le verset 30 rappelle à tous les croyants qu'ils forment « son corps », et que parce qu'ils constituent les membres de « son corps », Christ ne peut faire autrement que de nourrir chacun d'eux. Il aime son Corps, et il est prêt à faire l'impossible pour s'en occuper. Dans le mariage, le mari doit donc suivre l'exemple de Christ.

- **Un grand mystère.** Tout de suite après la mention de « son corps », Paul cite Genèse 2.24, le célèbre verset traitant du mariage dans l'Ancien Testament et qui s'appliquait en premier lieu à Adam et Ève : « C'est pourquoi l'homme quittera son père et sa mère, et s'attachera à sa femme, et les deux deviendront une seule chair ». Le mariage, contrairement à toute autre relation sur la terre, est la seule institution où deux êtres humains deviennent une seule personne, un seul corps, une seule chair. Pourquoi Paul cite-t-il ce texte de l'Ancien Testament et l'applique-t-il à Christ et à son Corps ? Parce que ce lien est une union indissoluble, permanente, remplie d'amour, tout comme le lien qui concerne le mariage.

Après avoir appliqué Genèse 2.24 à Christ et à son Corps, Paul déclare : « Ce mystère est grand ; je dis cela par rapport à Christ et à l'Église » (Ép 5.32). Le mot « mystère » ici s'apparente à « un secret révélé », un plan ou un dessein divin qui avait été autrefois caché et rendu inaccessible mais qui est maintenant révélé par Dieu en Christ et proclamé à tous ceux qui croient. « De manière générale, un mystère implique un fait qui n'est pas révélé alors que scripturairement, il s'agit de la vérité qui est dévoilée. »[74]

> *« Le vrai mariage est celui de Christ avec son Église. Toutes les autres unions, y compris celle qui eut lieu dans le jardin d'Éden, sont de pâles reflets… du mariage de l'Agneau et de son épouse, l'Église. »* William Weinrich

« Ce mystère » si merveilleux, ou si grand, fait référence à la signification prophétique contenue et cachée dans Genèse 2.24. La vérité qui est révélée dans ce verset, le lien en une seule chair d'Adam et Ève, est une image prophétique de l'union entre le Christ ressuscité et ses rachetés. Le véritable accomplissement de Genèse 2.24 se trouve par conséquent dans le lien qui existe entre Christ et son Église. « Le vrai mariage est celui de Christ avec son Église. Toutes les autres unions, y compris celle du jardin d'Éden, sont de pâles reflets… du mariage de l'Agneau et de son épouse, l'Église. »[75] Ainsi, la norme du mariage est Christ et son Église, et non la domination masculine ou le mariage égalitariste. Nous en déduisons donc que la relation d'autorité-soumission dans le mariage n'est pas mauvaise en soit, ni moins encore à bannir. Au contraire, il s'agit là du plan de Dieu le plus merveilleux qui soit pour le mariage. « Cela fait partie de l'essence même de l'union. »[76]

Le passage d'Éphésiens 5 conclut au verset 33, avec des exhortations adressées au mari, « d'aimer sa femme comme lui-même » et à la femme « de respecter son mari ». Le mot grec pour « respecter » est *phobos*, qui peut être assimilé soit à de la terreur, soit à de la crainte, ou encore à du respect ou de la considération. Dans ce contexte-ci, « respecter » est bien rendu en français. La femme respecte son mari dans le sens où elle reconnaît que Dieu l'a désigné pour en être le chef. Comme le fait remarquer un commentateur, « *phobos* jouit d'une présence légitime dans toutes les structures d'autorité ».[77] Comme le mari est le chef dans le mariage, la femme a non seulement besoin de se soumettre à lui mais elle doit également le « respecter ».

Colossiens 3.18, 19 : la soumission et l'amour

Dans ce passage, Paul présente à l'Église de Colosses une version abrégée d'Éphésiens 5. Même écourté, il s'agit là toujours de la Parole de Dieu et le texte mérite toute notre attention. Paul déclare :

Femmes, soyez soumises à vos maris, comme il convient dans le Seigneur. Maris, aimez vos femmes, et ne vous aigrissez pas contre elles.

Encore une fois, il exhorte directement les femmes chrétiennes à « être soumises » (du grec *hypotasso*) à leur mari. Si les femmes doivent se subordonner à ceux-ci, nous devons donc présumer que les maris doivent être les chefs dans la relation. Notez que rien n'est mentionné ici au sujet de la soumission mutuelle entre maris et femmes.

L'exhortation de Paul est suivie d'une raison particulièrement importante quant à la subordination : « comme il convient dans le Seigneur ». Le mot « convient » fait référence à « ce qu'il est bon de faire », « ce qui peut convenir à une personne, ce que doit être sa tâche ».[78] La soumission à son mari est donc la meilleure qui soit.

L'expression « dans le Seigneur » précise que la soumission est l'attitude appropriée qu'il faille adopter sous la seigneurie de Jésus-Christ et chez ceux qui le confessent comme leur Seigneur. La soumission de la femme représente donc la disposition adéquate qu'une chrétienne se doit d'adopter, ce que le Seigneur Jésus demande, et ce à quoi le milieu chrétien s'attend. La subordination n'est pas basée sur les mérites du mari ; elle est basée sur la volonté de Jésus, notre Seigneur.

Le mari a également son rôle dans le mariage. Paul écrit : « Maris, aimez vos femmes, et ne vous aigrissez pas contre elles ». Comme en Éphésiens 5, il est commandé au mari d'*aimer* sa femme, non de régner sur elle, de la contrôler, de la briser, ou d'en faire son esclave. *L'amour* qui se veut chrétien est défini par Dieu. Le commentateur Peter O'Brien décrit la nature de cet amour : « Ce n'est pas simplement une question de sentiments, d'affection, ou d'attraction sexuelle mais plutôt une question de soins constants et de service rempli d'amour pour tout le bien-être de l'épouse... C'est un amour qui est prêt à se sacrifier, qui s'oublie, un amour qui est défini par l'action de Christ. »[79]

Suit un avertissement spécifique aux maris : « ne vous aigrissez pas contre elles [vos femmes] ». Voici un exemple précis de manque d'amour, et cela est un problème masculin très courant. Dans le tourbillon des pressions quotidiennes que la vie apporte, les maris ont tendance à décharger leurs frustrations sur leur femme, à user de mots durs et à lancer des regards désapprobateurs ; ils se font tour à tour grincheux, grognons, se mettent en colère, sont impatients ou irritables ; et critiquent et trouvent à redire. « Une bizarrerie au niveau du comportement humain est qu'il nous arrive souvent de blesser sans le savoir la personne que nous aimons le plus. »[80] Une telle attitude est toutefois contraire à la volonté de notre Seigneur. Il dénonce une telle attitude et la condamne.

1 Corinthiens 7.1-40 : le divorce, le célibat et les obligations conjugales

1 Corinthiens traite plusieurs sujets et problèmes pratiques qui touchent toutes les Églises locales de toutes les époques. On ne pourra jamais assimiler 1 Corinthiens à une lettre ennuyeuse ou trop théorique ; chaque chapitre vibre au gré de situations bien réelles de la vie auxquelles l'Église nouvellement formée dans la grande ville de Corinthe est confrontée. Il n'est donc pas surprenant que Paul traite de questions ayant trait aux relations homme-femme à quatre reprises

dans sa lettre (6.12-20 ; 7.1-40 ; 11.2-16 ; 14.34-37). Ces sujets provoquent de brûlants débats, autant aujourd'hui qu'au temps de Paul. Les Corinthiens lui avaient demandé de clarifier les sujets qu'il avait abordés dans sa précédente lettre qui leur était destinée (1Co 7.1 ; 5.9). L'une de ces questions concernait le mariage. Des opinions fausses circulaient dans l'Église quant à la sexualité, le mariage et le divorce ; au chapitre 7 donc, Paul aborde ces questions.

Lorsqu'il donne des directives concernant le divorce, Paul traite maris et femmes au même pied d'égalité. Il en va de même pour ses conseils sur le célibat (7.7-9, 25-35). Il encourage femmes et hommes seuls à voir leur état comme une occasion de servir le Seigneur sans avoir de cœur partagé (7.32-35). Les femmes n'ont pas toutes besoin de se marier ni d'avoir des enfants. Comme les hommes, elles peuvent profiter de leur solitude pour consacrer pleinement leur vie à Dieu. Ce qui est particulièrement pertinent pour notre étude est l'accent unique souligné par Paul sur les droits entiers, réciproques et sexuels et sur les obligations des maris et des épouses au sein du mariage. Il n'est fait aucune mention d'autorité ou de soumission ici. Féministes et complémentaristes trouvent dans ce chapitre un terrain d'entente très propice.

Lisez les versets suivants tirés du septième chapitre de la première lettre aux Corinthiens 7.3-5 :

Que le mari rende à sa femme ce qu'il lui doit, et que la femme agisse de même envers son mari. 4 La femme n'a pas autorité sur son propre corps, mais c'est le mari ; et pareillement, le mari n'a pas autorité sur son propre corps, mais c'est la femme. 5 Ne vous privez point l'un de l'autre, si ce n'est d'un commun accord pour un temps, afin de vaquer à la prière ; puis retournez ensemble, de peur que Satan ne vous tente par votre incontinence.

Quelques chrétiens de Corinthe prônaient l'abstinence sexuelle dans le mariage. Paul dénonce énergiquement une telle pratique : « Ne vous privez point l'un de l'autre » (v. 5). Les relations sexuelles à l'intérieur du mariage ne sont pas une option ; elles sont un devoir, une obligation : « Que le mari rende à sa femme ce qu'il lui doit [sexuellement], et que la femme agisse de même envers son mari » (v. 3). Refuser son époux (ou son épouse), c'est priver (ou « déposséder ») son proche de ce qui lui revient de plein droit, à savoir l'épanouissement sexuel et le corps du partenaire.

Toutefois, Paul permet l'abstinence sexuelle à l'intérieur du mariage dans des occasions temporaires, *lorsqu'il y a commun accord* : « Ne vous privez point l'un de l'autre [sexuellement], si ce n'est d'un commun accord pour un temps, afin de vaquer à la prière ; puis retournez ensemble [sexuellement], de peur que Satan ne vous tente par votre incontinence » (v. 5 ; italiques pour souligner).

Au verset 4, Paul lance l'une des déclarations les plus surprenantes de toute la Bible sur le mariage : « La femme n'a pas autorité sur son propre corps, mais c'est le mari ; et pareillement, le mari n'a pas autorité sur son propre corps, mais c'est la femme » (v. 4). Il s'agit là d'une puissante déclaration d'égalité entre les sexes et d'unité dans le mariage. « C'est le parallélisme parfait qui est le plus frappant ici. Les droits conjugaux sont égaux et réciproques. »[81]

L'autorité du mari dans le mariage doit donc prendre en compte le bien fondé des besoins selon lequel les obligations et plaisirs sexuels sont mutuels. La sexualité n'est pas le privilège de l'homme. Besoins et satisfaction de la femme doivent également être considérés.

> « *La femme n'a pas autorité sur son propre corps, mais c'est le mari ; et réciproquement, le mari n'a pas autorité sur son propre corps, mais c'est la femme.* » Paul

Le mari n'a pas complète autorité sur son corps pour en user comme il lui plaît. La femme a *une autorité, donnée par Dieu*, sur le corps de son mari, et lui sur son corps à elle. « Ni le mari ni la femme n'ont eu davantage de droits sur le corps de l'autre. »[82] Dans le langage amoureux, le merveilleux chant d'amour du Cantique des cantiques de Salomon l'exprime avec beaucoup d'intensité : « Mon bien-aimé est à moi, et je suis à lui » (2.16).

Tite 2.3-5 : exhorter les jeunes épouses à aimer et à demeurer soumises

En écrivant à Tite, son compagnon, et à travers lui, aux Églises de l'Île de Crête, Paul exhorte les femmes mûres, plus âgées, à encourager les jeunes épouses à aimer leur mari et leurs enfants ; à être retenues, chastes, occupées aux soins domestiques, bonnes, soumises à leurs maris.

Pour les femmes et les mères chrétiennes, Tite 2.4, 5 a une très grande importance. Ce passage enseigne que leurs responsabilités premières sont leur mari, leurs enfants et leur foyer. Robert Lewis et William Hendricks, dans l'excellent livre *Rocking the Roles : Building a Win-Win Marriage*, font observer :

> Nous croyons que cette liste de responsabilités énoncée dans Tite 2.4, 5 représente le résumé le plus concis de toute l'Écriture sur le rôle premier de la femme. Cette liste définit le mot *aide* (le titre donné par Dieu à Ève dans Genèse 2.18) en termes clairs et précis...
>
> ...Un rôle primordial ne consiste pas seulement en une liste de choses qu'une femme devrait faire pour son mariage. L'épouse n'est pas confinée seulement à ce que Paul décrit ici... Mais elle ne délaissera pas ou ne négligera pas ces responsabilités au profit d'autres ambitions. De même que les planètes tournent autour du soleil, tout dans le mariage doit tourner autour de ces responsabilités et préoccupations fondamentales et pour le moins essentielles. Le rôle premier d'une femme est de considérer en priorité ses engagements et l'utilisation qu'elle fait de son temps et de ses énergies. Ainsi, elle ne perdra pas de vue ce pourquoi Dieu l'a appelée pour sa vie et son mariage.
>
> C'est là une vision importante qui doit également donner de la stabilité dans le couple, parce qu'il s'agit de la trame au travers de laquelle elle peut filtrer, mesurer et évaluer toutes les opportunités qui

se présenteront à elle. Malheureusement, l'erreur que font beaucoup de femmes de nos jours consiste à considérer ces responsabilités simplement comme des options parmi une myriade de possibilités. Or, un rôle premier n'est pas un choix délibéré. C'est un absolu biblique.[83]

Dans une culture où l'accomplissement de soi devient une obsession avec aussi l'idée que le mariage affecte négativement la santé et la carrière d'une femme, Tite 2.3-5 doit être clairement entendu et proclamé par les couples chrétiens :

Dis que les femmes âgées doivent aussi avoir l'extérieur qui convient à la sainteté, n'être ni médisantes, ni adonnées au vin ; qu'elles doivent donner de bonnes instructions, 4 dans le but d'apprendre aux jeunes femmes à aimer leur mari et leurs enfants, 5 à être retenues, chastes, occupées aux soins domestiques, bonnes, soumises à leurs maris, afin que la parole de Dieu ne soit pas blasphémée.

Tite 2 commence par un sévère avertissement : « pour toi, dis les choses qui sont conformes à la saine doctrine » (2.1). Par l'expression « saine doctrine », Paul entend l'enseignement chrétien. Ce qui est dit ici au sujet des épouses et mères se veut être la pensée pure du christianisme et non la loi gréco-romaine. Cette doctrine charge les plus âgées à enseigner et à être un modèle de croyante pour leurs semblables plus jeunes. Paul liste sept vertus spécifiques que ces dernières doivent leur inculquer. Nous en verrons quatre.

Aimez votre mari

Le rôle premier d'une femme est d'aider son mari (Ge 2.18), et l'aimer est essentiel pour remplir ce rôle. Dans un monde de péché, il n'est pas facile pour une femme de vivre avec un homme. Aimer est difficile, et bien des hommes ne rendent pas la tâche facile. Les pressions et conflits sans cesse grandissants du mariage peuvent éteindre le feu de l'amour qu'une femme a pour son mari ; elle doit donc être encouragée dans son amour, particulièrement lorsque cela n'est pas facile.

Le mariage se veut être la meilleure école qui soit si l'on veut apprendre à se sacrifier, apprendre l'amour à l'image de Christ. Une femme chrétienne âgée peut s'avérer une très bonne enseignante et conseillère pour une jeune épouse à l'école de l'amour conjugal. Aimer son époux est la première leçon d'importance à étudier. Lorsqu'une femme aime son mari, toute autre chose dans le mariage revient à sa place plus facilement.

Aimez vos enfants

Pour une mère chrétienne, une autre responsabilité capitale lui incombe : prendre soin de ses enfants. Les enfants doivent être une priorité dans sa vie. De nos jours, dans plusieurs pays développés, une mentalité anti-naissance, anti-enfant se répand de plus en plus dans la société. Les chrétiens doivent toutefois proclamer la valeur suprême des enfants et du rôle des mères à leur égard. Dorothy Patterson, l'une des auteurs du livre *Recovering Biblical Manhood and Womanhood*, en parle : « Une mère construit quelque chose de beaucoup plus splendide que n'importe quelle cathédrale, l'habitation d'une âme immortelle... Aucun travail professionnel ne combine de façon aussi unique les tâches les plus serviles et les opportunités les plus significatives. »[84]

Les mères doivent être encouragées et conseillées de manière à les aider à aimer leurs enfants, à leur donner toute l'attention possible, à les considérer bien au-dessus de tous biens matériels ou de tout objectif de vie personnel, et à leur enseigner la sainte Parole de Dieu en vue de leur salut (2 Ti 1.5 ; 3.15). Patterson en exprime fort bien l'urgente nécessité : « Il n'existe aucun besoin plus grand pour les années à venir qu'un regain d'intérêt dans les responsabilités touchant à l'éducation des enfants ».[85] Les mères âgées et expérimentées ont reçu mandat de la part de Dieu d'encourager les jeunes mères à aimer leurs enfants.

> « *Un rôle primordial ne consiste pas seulement en une liste de choses qu'une femme devrait faire pour son mariage. L'épouse n'est pas confinée seulement à ce que Paul décrit ici… Le rôle premier d'une femme est de veiller à ses engagements et à l'utilisation qu'elle fait de son temps et de ses énergies.* » Lewis et Hendricks

Soyez une femme d'intérieur zélée

Une autre responsabilité d'importance pour une femme et mère est la tenue de son foyer. Comme il est dit dans Proverbes 31.27 : « Elle veille sur ce qui se passe dans sa maison ». Les femmes âgées et expérimentées doivent encourager les jeunes épouses à être des femmes d'intérieur zélées. Le foyer peut être l'endroit le plus agréable sur terre, et les femmes ont ce privilège tout spécial de pouvoir gérer leur foyer. Elles s'occupent de ses besoins quotidiens, de sa beauté, de sa créativité et de son confort. C'est une carrière indispensable à la santé et à l'éducation de toute la race humaine.

Soyez soumises à vos maris

Parallèlement au rôle de la femme se trouve la soumission. Cela aussi mérite d'être enseigné et encouragé. Les femmes âgées et expérimentées doivent exhorter les jeunes épouses à être soumises (du grec *hypotasso*) à leur mari. Même dans un foyer chrétien dirigé par un croyant, la soumission peut être pénible. C'est parfois difficile à accepter. Les jeunes femmes mériteraient donc d'avoir recours à de sages conseils et bénéficier de l'aide de sœurs en Christ qui soient expérimentées. De plus, elles doivent apprendre à mettre en valeur leur rôle d'aide, d'épouse, de mère, et de femme d'intérieur, pas simplement tolérer ces différents aspects ou les voir comme provenant d'une coutume religieuse obsolète et étrange. Même la soumission au mari peut être valorisée lorsqu'elle est comprise comme la volonté et le plan du Créateur pour les épouses. Paul conclut en rappelant aux femmes, qu'elles soient jeunes ou âgées, que leur entourage et leurs proches qui ne croient pas observent constamment leur comportement. L'Écriture demande donc de vivre de telle sorte « que la Parole de Dieu ne soit pas blasphémée ». Mary Kassian résume bien ce point : « Les femmes qui négligent leur foyer, leur famille ou leur mariage jettent du discrédit sur Christ ».[86]

1 Timothée 3.4, 5, 12 : les hommes, de bons chefs de famille

L'une des qualifications bibliques d'importance demandée aux anciens et aux diacres dans l'Église est la capacité de bien diriger leur famille (particulièrement les enfants, v. 4), ce qui veut dire que la famille d'un dirigeant d'Église doit être au-dessus de tout reproche. Paul en souligne l'étendue par une question éloquente : « si quelqu'un ne sait pas diriger sa propre maison, comment prendra-t-il soin de l'Église de Dieu ? » La réponse à cette missive fait négativement écho : il ne peut diriger l'Église de Dieu s'il ne sait pas comment diriger sa propre famille.

Il faut donc que l'évêque soit irréprochable, mari d'une seule femme... 4 Il faut qu'il dirige bien sa propre maison, et qu'il tienne ses enfants dans la soumission et dans une parfaite honnêteté ; 5 car si quelqu'un ne sait pas diriger sa propre maison, comment prendra-t-il soin de l'Église de Dieu ? (1 Ti 3.2, 4-5)

Selon l'Écriture, la vie d'un ancien doit refléter aux yeux de l'Église locale le modèle vivant de comportement chrétien que les autres doivent suivre (1Pi 5.3). Étant donné qu'un évêque (ancien) doit bien diriger sa famille, tous les hommes chrétiens doivent suivre ce modèle et aspirer à être de bons chefs de famille.

Nous voyons dans les textes bibliques précédents (Tit 2.4, 5 ; 1Ti 3.4, 5) que les maris et femmes chrétiens, sous l'autorité du mari, travaillent en équipe. Ils se soutiennent l'un l'autre et dépendent l'un de l'autre.

Questions d'approfondissement

1. Pourquoi la plupart de nos contemporains voient dans le mot *soumission* une connotation si négative ? Donnez-en deux raisons.
2. Que démontre le professeur Wayne Grudem concernant le mot grec (*hypotasso*) à l'origine du mot *soumission* ?
3. Une femme doit-elle se soumettre à toute demande adressée par son mari ? Pouvez-vous citer un exemple pour justifier votre réponse ?
4. Pourquoi une femme doit-elle davantage se préoccuper de sa beauté intérieure plutôt que de son apparence ? Donnez-en trois raisons.
5. Selon 1 Pierre 3.7, comment un mari chrétien doit-il traiter sa femme ? Pouvez-vous donner des exemples positifs de la vie conjugale pour illustrer vos réponses ?
6. Que répondriez-vous à quelqu'un qui affirmerait que Paul n'aimait pas les femmes ? Citez des passages de l'Écriture pour justifier votre réponse.
7. Que veut dire le mot *tête* dans Éphésiens 5 ? Quelles précisions vous permettent d'y répondre ?
8. En quoi Éphésiens 5 nous montre que la doctrine d'autorité-soumission n'est pas une pratique culturelle mais une doctrine chrétienne ?
9. Comment les hommes arrivent-ils à tordre le sens des Écritures au sujet de l'autorité conjugale (du leadership) ? Donnez-en au moins trois causes.
10. Décrivez le seul genre d'autorité conjugale (de leadership) évoqué par Paul dans Éphésiens 5. Citez un exemple pratique qui s'y rapporte dans le mariage.
11. Qu'enseigne 1 Corinthiens 7.3-5 aux couples chrétiens, particulièrement aux maris, sur leurs responsabilités conjugales ?
12. Selon Tite 2, quelles sont les principales responsabilités d'une épouse et mère ?

13. Pourquoi un évêque (un pasteur ou un ancien) doit-il bien diriger sa famille avant de pouvoir être apte à diriger une Église ? Donnez-en deux raisons.

14. Qu'avez-vous appris dans ce chapitre qui soit susceptible de faire mûrir votre réflexion et vos actions concernant l'autorité et la soumission dans la famille ?

Chapitre 4

Par ses apôtres, Jésus-Christ a enseigné l'égalité des sexes et les différences de rôle dans le milieu chrétien

« Je dois l'admettre, dit Tom, les arguments des apôtres relatifs à la relation d'autorité-soumission dans le mariage sont frappants et éloquents. »

« Effectivement ! Il y avait une bonne raison de commencer par le mariage chrétien avant de regarder hommes et femmes dans la famille qu'est l'Église. »

« Ah bon ! Mais pourquoi donc ? » demanda Tom.

« Si tu ne comprends pas le plan de Dieu en ce qui concerne le mariage et la famille, tu ne pourras jamais comprendre les instructions du Nouveau Testament quant aux hommes et aux femmes qui composent l'Église. »

« Et pour quelles raisons ? » interrogea Tom.

« Bien des gens ont du mal avec ce point de vue parce qu'ils ne comprennent pas le lien étroit qu'il y a entre la famille individuelle et la famille élargie qu'est l'Église locale. Tout comme Paul enseigne l'autorité de l'homme dans la cellule familiale, il enseigne l'autorité de celui-ci dans la cellule élargie qu'est l'Église. Il est donc essentiel de comprendre le leadership au niveau familial pour bien le saisir au niveau de la communauté chrétienne. »

« Cela a du sens. »

« De plus, dans l'esprit des auteurs du Nouveau Testament, l'Église est la maison de Dieu et les distinctions entre les sexes sont une partie importante de son plan pour cette dernière. L'Église locale doit répercuter ce plan sur les deux composantes humaines. Aussi, l'autorité et la soumission doivent être enseignées et pratiquées en son sein. »

« Je sais déjà ce que mes amis vont dire », répondit Tom avec empressement. « Je les vois venir : "c'est simplement une question de culture. Les distinctions entre les sexes ne sont pas aussi importantes de nos jours dans une société comme la nôtre. Tu prends la Bible trop à la lettre", me soutiendront-ils. »

« Tom, tes amis ne permettent tout simplement pas aux Écritures de se défendre. Ils n'ont que faire des paroles de la Bible. Paul soutient ce qu'il déclare au sujet des hommes et des femmes dans l'Église avec des arguments de poids : le récit de la création du livre de la Genèse, la pratique universelle de toutes les Églises, la relation trinitaire, les commandements de Christ, et sa propre autorité apostolique. Nous sommes loin des arguments culturels avancés par certains. »

« Eh bien soit, mais est-ce que l'égalité des sexes et l'autorité de l'homme ne se contredisent pas pour autant ? C'est ce qui m'a été dit », poursuivit Tom.

« Non, ces deux concepts représentent la pleine vérité de Dieu concernant les sexes. »

« Je suis alors prêt pour la suite de notre étude quant aux passages qui traitent des hommes et des femmes dans l'Église, conclut Tom, parce que de là surgissent la plupart de mes interrogations. »

Étant donné que la famille est l'unité sociale de base et que l'homme est désigné pour en être le chef, il ne faut pas être surpris de ce que les hommes soient aussi les dirigeants de l'Église locale. Celle-ci doit comporter ce modèle d'autorité masculine et de soumission féminine de sorte que les familles puissent apprendre au sens individuel le plan de Dieu à leur égard. Stephen Clark souligne fortement ce principe :

Il y a encore une autre considération qui fait surface, à savoir qu'il est désirable pour la communauté chrétienne que ce soient des hommes qui occupent le poste d'anciens… la structure de la direction doit être établie de manière à ce que la structure sociale de la communauté dans son entier [l'Église] soit soutenue. Si les hommes sont désignés pour être les chefs de famille, ils doivent également être les chefs de la communauté. La communauté doit être structurée de sorte qu'elle puisse soutenir le modèle familial, et la famille doit être structurée de manière à soutenir le modèle de la communauté. C'est dans la famille qu'ils apprennent aussi bien leur rôle pour la communauté. Réciproquement, ce qu'ils voient dans la communauté renforce ce qu'ils apprennent dans la famille. Ainsi, adopter des principes différents au niveau de la communauté affaiblit la famille, et vice versa.[87]

Examinons maintenant ce que le Nouveau Testament enseigne sur les hommes et les femmes qui composent l'Église.

1 Timothée 2.8-15 : soumission et autorité dans l'Église

Si Éphésiens 5 est considéré comme le passage clé du mariage chrétien, 1 Timothée 2 est celui qui a trait aux rôles des hommes et des femmes dans l'Église. 1 Timothée 2 est à l'Église locale ce qu'Éphésiens 5 est à la famille au niveau individuel. 1 Timothée 2 est également le passage le plus clair et le plus important qui circonscrit aux hommes certains ministères d'enseignement et de direction. Il n'est donc pas surprenant que, comme Genèse 2, 1 Timothée 2 soit un passage stratégique dans la controverse sur les sexes.[88] Ce passage a été le terrain d'importantes batailles toutes aussi critiques les unes que les autres. Chaque mot, chaque expression et chaque phrase ont été contestés, et pourtant aucun interprète ne peut éviter la véracité et la rigueur des déclarations qui y sont présentes.

Parce qu'il est fondamental de pouvoir saisir le sens de ce passage, ne sautez pas la première étape pour sa compréhension — lisez-le soigneusement et méthodiquement. Priez pour avoir le discernement nécessaire dans la lecture de 1 Timothée 2.8-15 :

Je veux donc que les hommes prient en tout lieu, en élevant des mains pures, sans colère ni mauvaises pensées. 9 Je veux aussi que les femmes, vêtues d'une manière décente, avec pudeur et modestie, ne se parent ni de tresses, ni d'or, ni de perles, ni d'habits somptueux, 10 mais qu'elles se parent de bonnes œuvres, comme il convient à des femmes qui font profession de servir Dieu. 11 Que la femme écoute l'instruction en silence, avec une entière soumission. 12 Je ne permets pas à la femme d'enseigner, ni de prendre de l'autorité sur l'homme ; mais elle doit demeurer dans le silence. 13 Car Adam a été formé le premier, Ève ensuite 14 et ce n'est pas Adam qui a été séduit, c'est la femme qui, séduite, s'est rendue coupable de transgression. 15 Elle sera néanmoins sauvée en devenant mère, si elle persévère avec modestie dans la foi, dans la charité, et dans la sainteté.

Il est important de noter les circonstances dans lesquelles cette lettre fut écrite. Après une brève visite, plutôt désagréable, à l'Église d'Éphèse, Paul y a laissé Timothée afin de faire cesser la propagation de fausses doctrines et pour y rétablir les principes d'ordre qui devaient régner dans les communautés. Dans cette lettre à Timothée, écrite peu de temps après que Paul ait quitté Éphèse, l'apôtre parle, entre autre, du traitement et du comportement propre aux différents groupes de l'Église locale. Remarquez le contexte plus large de 1 Timothée dans lequel apparaît ce passage :

Je t'écris ces choses, avec l'espérance d'aller bientôt vers toi, mais *il faut que tu saches, si je tarde, comment il faut se conduire dans la maison de Dieu*, qui est l'Église du Dieu vivant, la colonne et l'appui de la vérité (1 Ti 3.14, 15 ; italiques pour souligner).

De même que chaque famille est régie par certaines normes de conduite et certains principes, l'Église locale est régentée par certaines règles de conduite chrétiennes et par une structure sociale. Ainsi, dans la lettre de 1 Timothée, Paul présente de façon distincte les attitudes adéquates qui s'appliquent à la maison de Dieu. Ce ne sont pas des principes temporaires, culturels qui ne s'appliqueraient qu'à la ville d'Éphèse. Au contraire, ce sont des principes intemporels, universels pour toutes les Églises de toutes époques.

> « *Si les hommes sont désignés pour être les chefs de famille, ils sont également appelés à diriger la communauté. Celle-ci doit être structurée de sorte qu'elle puisse soutenir le modèle familial.* » Stephen Clark

La prière des hommes

La priorité de la prière dans l'Église locale est le sujet de 1 Timothée 2.1-7 : « J'exhorte donc, avant toutes choses, à faire des prières, des supplications, des requêtes, des actions de grâces, pour tous les hommes, pour les rois et pour tous ceux qui sont élevés en dignité, afin que nous menions une vie paisible et tranquille, en toute piété et honnêteté » (1Ti 2.1, 2). Après avoir indiqué dans les versets 1 à 7 ce qui doit être fait concernant la prière, Paul exhorte les hommes à s'adresser à Dieu, ce qui nous amène à une question plus large, à savoir comment un homme doit « se conduire dans la maison de Dieu, qui est l'Église du Dieu vivant » (1Ti 3.15). Il écrit : « Je veux donc que les hommes prient en tout lieu, en élevant des mains pures, sans colère ni mauvaises pensées » (2.8).

Paul désire que ceux-ci prient « en élevant des mains pures, sans colère ni mauvaises pensées ». Les mains pures font contraste avec les mains impures, qui sont en fait les cœurs pécheurs qui ne sont pas acceptables devant Dieu. Le point de vue de Paul ici n'est pas tant la position du corps lors de la prière mais la condition du cœur. Le cœur d'un homme dans une telle circonstance doit être moralement pur. Sainteté et prière, comme l'observe le psalmiste, vont ensemble : « Si j'avais conçu l'iniquité dans mon cœur, le Seigneur ne m'aurait pas exaucé » (Ps 66.18).

De manière plus spécifique, les hommes doivent se garder de prier s'ils éprouvent de la colère envers autrui. C'était particulièrement vrai pour l'Église d'Éphèse, car des controverses avaient surgi parmi les croyants suite à de fausses doctrines. De telles attitudes conflictuelles empêchent l'efficacité de la prière « pour tous les hommes » (2.1).

Les hommes et leur responsabilité au sein de la communauté

Il devient de plus en plus difficile de trouver des hommes qui soient bibliquement qualifiés et préparés pour assumer les responsabilités de diacre et d'ancien dans les Églises. L'hyperactivité de notre culture tient la plupart de nos hommes sous une emprise spirituelle mortelle : « Le culte de l'activité et de l'activisme qui infecte tant les chrétiens de nos jours est l'un des plus grands obstacles de l'Église quant à son devenir et ce qu'elle devrait être ».[89] Trop d'hommes ne trouvent pas de temps à consacrer à la lecture de la Bible, à la prière, ou à la direction de l'Église. Certains n'ont même pas de temps pour leur propre famille. Lorsque les hommes négligent leurs responsabilités de direction au sein de la communauté chrétienne, s'ensuivent une perte tragique et une victoire frappante pour le diable. Nos priorités sont mal placées, et rien de moins qu'une action radicale ne pourra résoudre le problème. Nous devons prier et aborder dans nos Églises ce dilemme de manière plus intelligente et constructive, sans pour autant augmenter la culpabilité des hommes surchargés.

───────────────── ■

La tenue vestimentaire des femmes

Paul exhorte les femmes à s'habiller de façon modeste, à rester motivées par des attitudes de bienséance et de retenue chrétiennes. Autrement dit, Paul explique comment une femme « doit se conduire dans la maison de Dieu, qui est l'Église du Dieu vivant » (1Ti 3.14, 15). Son avertissement porte sur les vêtements dispendieux, extravagants et les coiffures excentriques (décorées probablement d'or et de perles) qui sont indécents et inappropriés.

Comme Pierre, Paul ne s'oppose pas à ce que les femmes soient parées de beaux vêtements, de bijoux ou de cheveux tressés. Son exhortation vise la fierté, l'excès, ou l'étalage des richesses, sinon le fait de porter des vêtements aguichants, car toutes ces choses sont totalement inappropriées pour une femme de Dieu. Thomas Schreiner écrit : « Ces mots sont désespérément nécessaires dans notre culture, car le matérialisme et la séduction sexuelle émanant de la parure nous importunent encore de nos jours ».[90]

> *Cette invitation vise à conserver la description qui prédomine dans le Nouveau Testament, à savoir le ministère de la femme qui doit consister en de bonnes œuvres comme la miséricorde, les soins affectueux, la gestion du foyer, la prière et la proclamation de l'Évangile.*

Au lieu de désirer des vêtements onéreux, une chrétienne doit se préoccuper des « bonnes œuvres ». Pour une femme qui a à cœur de marcher en étroite relation avec Dieu, la tenue appropriée est une vie de « bonnes œuvres », de service chrétien et d'« œuvres de charité ».[91] Cette exhortation vise à conserver la description qui prédomine dans le Nouveau Testament, à savoir le ministère de la femme qui doit consister en de bonnes œuvres comme la miséricorde, les soins affectueux, la gestion du foyer, la prière et la proclamation de l'Évangile. Sur ce sujet, Knight écrit : « Paul recommande non simplement la modestie dans la façon de se vêtir mais aussi que plus de temps et d'énergie soient consacrés à la parure spirituelle ».[92] John Stott, pour sa part, utilise une image contemporaine :

> L'Église devrait être un véritable salon de beauté parce qu'elle encourage les femmes à se parer de bonnes œuvres. Les chrétiennes doivent se rappeler que si la nature les a créées toutes simples, la grâce peut les rendre belles, et si la nature les a créées belles, les bonnes œuvres peuvent ajouter à leur beauté.[93]

La soumission de la femme

Plusieurs années auparavant, Paul avait écrit à cette même Église d'Éphèse pour exhorter les femmes à se soumettre à leur mari (Ép 5.23-33). Dans 1 Timothée, il explique comment une femme « doit se conduire dans la maison de Dieu, qui est l'Église du Dieu vivant ». Il parle de la soumission des femmes dans la communauté locale et montre comment cela doit se traduire. Il enseigne que les femmes, mariées ou célibataires, doivent apprendre avec un esprit soumis. Il ne faut pas qu'elles soient des enseignantes ni figurer parmi les anciens de la congrégation.

> *Dans 1 Timothée, Paul explique comment une femme « doit se conduire dans la maison de Dieu, qui est l'Église du Dieu vivant ».*

Apprendre

Le passage spécifie : « Que la femme écoute l'instruction en silence, avec une entière soumission ». Les femmes chrétiennes doivent maîtriser la doctrine de Christ, être prêtes à répondre à quiconque leur demande raison de leur foi (1Pi 3.15), et, comme Marie, s'asseoir aux pieds de Jésus pour recevoir instruction (Lu 10.38-42). Mais l'auto-apprentissage n'est pas ici le sujet. Il est entendu que toutes les femmes chrétiennes auront à leur connaissance les doctrines de la foi. Cependant la manière dont une femme apprendra lors des réunions publiques de la communauté mérite toute notre attention.

Paul utilise deux termes assez significatifs pour expliquer la disposition d'esprit requise pour recevoir cet enseignement : « en silence » et « avec une entière soumission ». Le mot grec pour « soumission » (*hypotage*) tire sa forme du verbe soumettre (*hypotasso*), le verbe clé qui décrit les attributions de rôles entre maris et femmes (1Pi 3.1, 5 ; Ép 5.21, 22 ; Col 3.18 ; Tit 2.5). Une femme doit se soumettre elle-même au sein de l'Église de la même manière qu'elle se soumet dans le mariage. Elle ne doit pas prendre la tête de l'Église ni se mettre à y enseigner. Il lui faudra plutôt supporter, encourager et aider activement les hommes dans leur rôle de dirigeant (Ge 2.18). Ce n'est pas de la discrimination contre les femmes, il s'agit là du plan de Dieu.

Enseigner

Le verset 12 est l'équivalent du verset 11. Les deux versets se reflètent. Dans les réunions d'Église, les femmes peuvent apprendre des Écritures mais elles ne doivent pas instruire la communauté. Ce ministère se trouve sous la responsabilité des hommes.

Paul savait que cette question importante demanderait à être réglée avec fermeté et une grande clarté. C'est pourquoi il déclare de sa propre autorité apostolique, dans un langage explicite et sans aucune ambiguïté : « Je ne permets pas à la femme d'enseigner ou de prendre autorité sur l'homme, mais de demeurer en silence ». Comment aurait-il pu le dire de manière plus simple et on ne peut plus claire ? Dans l'Église locale, les femmes ne doivent pas enseigner ni prendre de l'ascendant sur les hommes de la communauté.

Il est bon de noter que Paul ne s'oppose pas dans l'absolu à ce que les femmes enseignent (Ac 18.26 ; Tit 2.3, 4 ; 2Ti 1.5 ; 3.14, 15). Sa restriction concerne l'enseignement public des hommes qui ne peut être réservé à des femmes dans les réunions officielles de l'Église.

> *Une femme doit se soumettre elle-même à la communauté chrétienne de la même manière qu'elle se soumet dans le mariage. Elle ne doit pas prendre la tête de l'Église ni se mettre à y enseigner. Il lui faudra plutôt soutenir, encourager et aider activement les hommes dans leur rôle de dirigeant.*

Paul fait cette distinction car le fait d'instruire l'Église ne consiste pas simplement à transmettre de l'information ; est présent également l'exercice d'une autorité sur ceux qui reçoivent instruction.

Clark déclare avec justesse que « l'Écriture voit l'enseignement premièrement comme une fonction de direction, une fonction exécutée par les anciens et d'autres qui ont des postes d'encadrement. Dans ce contexte, on peut voir plus clairement le lien qu'il y a entre l'enseignement, l'exercice de l'autorité et le fait d'être subordonné ».[94] Comme le rôle de la femme nécessite une attitude soumise, elle ne peut ni enseigner, ni diriger l'Église.

Ce passage n'entend pas que les femmes soient incapables de le faire. Nous savons tous que celles-ci peuvent être d'excellentes enseignantes et qu'elles peuvent avoir des capacités pour encadrer. Il se peut qu'une femme chrétienne soit un professeur d'école expérimenté, un médecin, ou un chef d'entreprise (comme le fut Lydia), mais lorsque l'Église se rassemble, ce sont les hommes qui tirent les rênes pour ce qui est de l'enseignement et de la direction de celle-ci. Ainsi, la communauté locale agit conformément au plan de Dieu à l'égard des sexes et affiche le concept d'autorité/soumission qui est vu dans la relation de Christ avec son Église.

Prendre autorité

En plus de cette restriction quant au ministère de la Parole, les femmes chrétiennes ne doivent pas « prendre de l'autorité sur » les hommes dans l'Église. En d'autres termes, elles ne doivent pas diriger ou régir la congrégation. Le mot grec pour « prendre de l'autorité sur » est *authenteo*. Il s'agit là du quatrième mot clé ayant une importance significative dans le débat sur les sexes (les autres mots étant *aide*, *soumission* et *tête*). Il a une place primordiale parce qu'il restreint de manière claire et précise le rôle des femmes en leur interdisant l'accès aux postes de pasteurs et d'anciens. La garde pastorale de l'Église locale revient à l'homme et non à la femme.

Remarquez : dans une lettre plus abondante que les autres lettres du Nouveau Testament quant aux enseignements qui concernent les anciens des Églises, il est dit aux femmes de ne pas prendre autorité sur les hommes. Immédiatement après son commandement leur interdisant d'enseigner et de diriger la communauté (1 Ti 2.11-15), Paul décrit les qualifications de ceux qui doivent veiller (les pasteurs) sur l'Église locale (1 Ti 3.1-7). Fait révélateur, ces qualifications présument un sujet masculin. En effet, le dirigeant, qu'il soit pasteur ou ancien, doit être mari d'une seule femme et bien diriger sa maison (1Ti 3.2, 4). Paul, dans sa déclaration ne suggère d'aucune façon que les anciens soient des femmes car ce rôle envisagé par Dieu ne leur est pas destiné dans l'Église.

Étant donné que 1 Timothée 5.17 indique aux anciens de prendre en charge la direction et l'enseignement de la communauté, et vu que les femmes ne peuvent ni enseigner ni diriger en son sein, il s'ensuit que celles-ci ne peuvent ni être pasteurs ni figurer parmi les anciens de l'Église locale. Ainsi, le passage de 1 Timothée 2.8-15 devrait régler à lui seul la question des femmes à des postes tels que ceux de pasteurs ou d'anciens.

Mot clé : « **Prendre autorité sur** » (grec *authenteo*)

Le mot grec *authenteo* signifie « avoir de l'autorité sur » ou « exercer une autorité sur ».

Les interprètes féministes ont créé beaucoup de controverses au sujet de ce mot grec. Ils déclarent que ce verbe a pour signification : « abuser de l'autorité », « inciter à la violence », « se montrer autoritaire », « s'imposer » ou « usurper l'autorité ». Ainsi, croient-ils que Paul interdit aux femmes de ne pas abuser de l'autorité, ni de prendre le dessus sur leurs enseignants masculins, ou d'essayer d'usurper l'autorité de l'homme lorsqu'il enseigne. Ils comprennent le mot dans un sens négatif : « le recours à l'autorité pour dominer plutôt que d'en user simplement »[95] ou « l'utiliser de manière destructrice ».[96]

Cette interprétation du mot *authenteo*, est toutefois inexacte. Après avoir étudié en profondeur le terme, Henry Scott Baldwin, un enseignant du Singapore Bible College, a démontré que la signification la plus probable du mot dans ce contexte est « avoir de l'autorité sur ».[97]

Outre l'étude exhaustive de Baldwin quant au mot *authenteo*, Andreas Kostenberger, professeur du Nouveau Testament au Southeastern Baptist Theological Seminary, ajoute une étude syntaxique impressionnante de la structure grammaticale de la phrase du verset 11 afin d'aider à déterminer le meilleur rendu du mot *authenteo* dans le contexte en présence.[98] La structure de la phrase ressemble à ceci :

« Je ne permets pas à la femme **d'enseigner** [premier verbe] ni de **prendre de l'autorité** [deuxième verbe] sur l'homme. »

Kostenberger démontre que la structure grammaticale lie les deux verbes ensemble (« enseigner » et « prendre de l'autorité ») de façon telle qu'ils sont soit tous deux positifs ou négatifs, et non l'un positif (« enseigner », le premier verbe) et l'autre négatif (« se montrer autoritaire à tort », le second verbe). Comme le verbe « enseigner » a assurément un sens positif, « prendre de l'autorité » doit également être positif.

Pour conclure : le deuxième verbe signifie « prendre de l'autorité », car il convient à la structure grammaticale et au meilleur usage du mot dans ce contexte. Conjointement, les dernières études de Baldwin et Kostenberger s'accordent pour dire que la meilleure traduction pour *authenteo* est : « prendre de l'autorité (ou l'exercer) ». C'est la traduction la plus en vue pour la très grande majorité des commentaires bibliques et les principales traductions françaises.

■

Raisons bibliques

La restriction de Paul quant au fait qu'une femme ne pouvait ni enseigner ni diriger des hommes provoqua assurément de vertes critiques, tout comme aujourd'hui. Ainsi, comme dans la plupart des références relatives aux rôles distincts des deux sexes, Paul appuie directement son instruction sur des principes et des textes bibliques : « Car Adam a été formé le premier, Ève ensuite ; et ce n'est pas Adam qui a été séduit, c'est la femme qui, séduite, s'est rendue coupable de transgression » (1Ti 2.13, 14).

N'oubliez pas ce point : c'est sur les récits de la Genèse que Paul se base au sujet de la restriction faite aux femmes d'enseigner et de diriger des hommes. Comme Jésus, il ramène ses lecteurs au début de la création, à la Genèse, aux événements historiques. Il ne parle pas de la culture locale, du manque d'éducation des femmes ou de supposés problèmes venant d'enseignantes hérétiques. Il en appelle simplement au plan de Dieu tel qu'il est révélé dans sa Parole. Son point de vue dé-

fendant aux femmes de prendre autorité sur l'homme dans l'Église est basé sur leurs attributs mêmes, tels qu'ils sont relatés dans la Genèse. Ainsi, Paul destine sa restriction à être permanente et universellement acceptée par tous les croyants de toutes les Églises.
- **Adam a été formé en premier.** Paul l'atteste en se référant à l'ordre de la création en Genèse 2. Le fait qu'il ait été d'abord conçu lui confère un rôle de direction et d'autorité. En tant que premier être humain créé, Adam, représentant tous les hommes, avait pour responsabilité d'être le chef dans le mariage. Ce rôle de tête doit également être reproduit dans l'Église locale (qui est la famille au sens élargi). Ceci explique pourquoi les femmes ne doivent « ni enseigner, ni prendre de l'autorité sur l'homme ». Oser le faire reviendrait à s'opposer au plan de Dieu pour sa création et les différentes composantes humaines. En tant qu'« habitation de Dieu », l'Église locale doit avoir pour modèle les principes divins.

> *C'est sur les récits de la Genèse que Paul se base au sujet de la restriction faite aux femmes d'enseigner et de diriger des hommes. Comme Jésus, il ramène ses lecteurs au début de la création, à la Genèse, aux événements historiques. Il ne parle pas de la culture locale, du manque d'éducation des femmes ou de supposés problèmes venant d'enseignantes hérétiques. Il en appelle simplement au plan de Dieu tel qu'il est révélé dans sa Parole.*

- **Ce n'est pas Adam qui a été séduit, c'est Ève.** Pour appuyer davantage son argument, Paul ajoute au verset 14 de la première lettre à Timothée un exemple pour le moins saisissant. Il prend la séduction d'Ève dans le jardin pour illustrer le risque de renverser les rôles homme-femme : « ce n'est pas Adam qui a été séduit, c'est la femme qui, séduite, s'est rendue coupable de transgression ». Adam n'a pas été séduit par Satan, déclare Paul, mais Ève l'a été.

En Genèse 3, Satan contourne astucieusement Adam, celui que Dieu forma pour être le chef au sein de la relation, et alla directement vers Ève, qu'il perçut avec justesse comme étant la plus susceptible des deux de se laisser tromper par sa ruse. De sa propre confession, Ève admet avoir été séduite : « Et l'Éternel Dieu dit à la femme : Pourquoi as-tu fait cela ? La femme répondit : Le serpent m'a séduite, et j'en ai mangé » (Ge 3.13).

Bien que Dieu ait créé Adam pour être le chef dans le couple, Ève est celle qui fauta en premier avant d'inviter son compagnon à manger du fruit de l'arbre défendu. Le résultat de son initiative ne l'améliora en rien, de plus elle connut ce que veut dire l'illusion, le péché, la honte et la souffrance. Les enfants de Dieu ne doivent donc pas prendre à la légère l'ordre de Dieu quant aux rôles des hommes et des femmes dans la famille et dans l'Église. Il est bon qu'ils prennent garde à la voix de Dieu lorsque sa Parole affirme : « Je ne permets à la femme ni d'enseigner ni de prendre autorité sur l'homme ».

Au verset 15, Paul conclut son raisonnement sur le premier couple humain en émettant une réserve au verset 14 à propos de l'erreur et de la transgression d'Ève. Le verset 15 se lit ainsi : « Elle sera néanmoins sauvée en devenant mère, si elle persévère avec modestie dans la foi, dans la charité, et dans la sainteté ».

Il s'agit là d'une phrase difficile à interpréter avec certitude. Cependant dans son style le plus simple, Paul encourage les femmes à se garder de la tromperie de Satan et à chercher à s'épanouir dans leur rôle premier de mère, d'épouse et de femme d'intérieur (1 Ti 5.14, 15 ; Tit 2.4, 5), tout en présumant, bien sûr, qu'elles restent ancrées dans la foi. Une femme n'est pas appelée à diriger ou à enseigner l'Église.

1 Corinthiens 14.33b-40 : la soumission dans les réunions d'Église

1 Corinthiens 14 est assez semblable à 1 Timothée 2 ; c'est pourquoi nous ne ferons que quelques commentaires sur le passage. Paul écrivit 1 Corinthiens à l'Église qui se trouvait dans la ville de Corinthe en l'an 56 après Jésus-Christ. Six ans plus tard, il écrivit 1 Timothée à l'Église d'Éphèse. Dans les deux lettres, Paul enseigne la soumission des femmes dans la communauté et appuie son enseignement sur le récit de la création de l'Ancien Testament et sur son autorité unique d'apôtre. Dans 1 Corinthiens 14, Paul affirmit davantage l'idée de subordination par la pratique universelle observée dans toutes les Églises et par un commandement de Jésus-Christ. D'où le besoin d'étudier ces deux passages simultanément. Chacun aidant à l'interprétation de l'autre.

Tout en gardant 1 Timothée 2 en tête, lisez le passage suivant, tiré de 1 Corinthiens 14.33b-38 :

Comme dans toutes les Églises des saints, 34 que les femmes se taisent dans les assemblées, car il ne leur est pas permis d'y parler ; mais qu'elles soient soumises, comme le dit aussi la loi. 35 Si elles veulent s'instruire sur quelque chose, qu'elles interrogent leurs maris à la maison ; car il est malséant à une femme de parler dans l'Église. 36 Est-ce de chez vous que la parole de Dieu est sortie ? Ou est-ce à vous seuls qu'elle est parvenue ? 37 Si quelqu'un croit être prophète ou inspiré, qu'il reconnaisse que ce que je vous écris est un commandement du Seigneur. 38 Et si quelqu'un l'ignore, qu'il l'ignore.

En raison de la conduite déréglée de certains chrétiens spirituellement zélés, lors des réunions d'Église, particulièrement les membres qui parlaient en langues, Paul donne des directives spécifiques pour que règnent l'ordre et la bienséance lors de ces rassemblements (v. 26-35). Sa dernière injonction concerne la participation des femmes aux réunions d'Église (v. 33b-38).

Ce que Paul veut dire par « silence » est interprété de diverses façons, et il n'est pas nécessaire ici de débattre sur le sujet. J'ai intentionnellement omis les thèmes à polémiques qui n'ont pas spécifiquement rapport avec le sujet initial : égaux, mais différents. Il existe toutes sortes d'interprétations légitimes quant à certains passages chez les complémentaristes, mais celles-ci ne touchent pas à notre étude principale. Nous ne voulons pas que des questions d'ordre secondaire viennent obscurcir le fait que Dieu a créé hommes et femmes égaux, mais différents. Le point important ici est que Paul, encore une fois, parle de la soumission de la femme dans l'Église.

La loi et le christianisme sont unanimes au sujet de la soumission

La loi de Moïse donne la main à l'enseignement chrétien. Paul cherche, dans cet extrait, à protéger ses sœurs afin qu'elles ne se conduisent pas de façon inappropriée quant à la volonté de Dieu et son plan pour elles. Il explique que la soumission des femmes se traduit sous des formes bien spécifiques, dont l'une englobe la parole et l'autre, la conduite en public.

Qu'elles soient soumises, comme le dit aussi la loi

Paul se sert de la doctrine de la soumission (en grec *hypotasso*) pour appuyer sa directive concernant le rôle de la femme dans les réunions d'Église. Ce principe se veut être un enseignement chrétien, et il est en accord parfait avec la Loi de Dieu : « qu'elles soient soumises, comme le dit aussi la loi » (14.34).

En employant le mot « loi », Paul veut dire la loi de Moïse (1Co 9.8, 9) et fait référence aussi à Genèse 2. Deux chapitres auparavant, dans son épître, Paul cita Genèse 2 pour appuyer son enseignement sur les rôles des hommes et des femmes : « En effet, l'homme n'a pas été tiré de la femme, mais la femme a été tirée de l'homme ; et l'homme n'a pas été créé à cause de la femme, mais la femme a été créée à cause de l'homme » (1Co 11.8, 9). Paul ne trouve pas le besoin de répéter les mêmes versets de la Genèse cités dans 1 Corinthiens 11.8, 9 et 14.34, alors il les abrège en indiquant tout simplement : « comme le dit aussi la loi » (voir aussi 1Ti 2.13, 14). Remarquez que Paul ne se lasse jamais de rapporter à ses lecteurs que ses instructions sur les deux sexes trouvent leurs racines profondément ancrées dans les lois de la création du livre de la Genèse.

La pratique de l'Église universelle implique la soumission

Ce sujet tient beaucoup à cœur à Paul. Il amorce sa proclamation sur les femmes en affirmant : « Comme dans toutes les Églises des saints » (v. 33b).[99] Cette déclaration universelle vise à donner du poids à ses exhortations, à inciter à l'obéissance, et à soutenir sa directive sur la soumission. De manière spécifique, les croyants de Corinthe ne doivent pas agir différemment de « toutes » les Églises quant à cette doctrine.

La ville de Corinthe avait « un esprit indépendant et bien déterminé ».[100] Elle avait adopté une fierté et une souveraineté qui pouvait lui être nuisible. Les Corinthiens « fonctionnaient selon leurs propres règles ».[101] Plusieurs fois dans la première lettre qui leur est adressée, Paul rappelle l'esprit supérieur et indépendant des Corinthiens, lequel contrastait avec les pratiques apostoliques normales des Églises, aussi les exhorte-t-il à réformer leurs voies et à se conformer aux usages qui étaient en vigueur. De ce fait, il désirait les voir agir en conformité avec les autres communautés quant à la participation des femmes dans les réunions d'Église ; ce n'était donc pas particulièrement une question culturelle qui s'appliquait à la seule Église de Corinthe.

Comme dans toutes les Églises des saints

Au verset 36, nombre d'émotions s'agitent en Paul lorsqu'il s'attaque à leur esprit souverain. Il est choqué de par leur attitude indépendante et fière. D'où les deux questions cinglantes qu'il leur lance : « Est-ce de chez vous que la parole de Dieu est sortie ? Ou est-ce à vous seuls qu'elle est parvenue ? » Il souhaitait entendre leur avis, à savoir si la Parole de Dieu provenait de leur Église ou s'ils en étaient les seuls dépositaires. Ce sont bien entendu des questions qui n'avaient aucun sens, mais Paul voulait qu'ils constatent par eux-mêmes à quel point leur façon de penser et d'agir étaient absurdes. Comment en étaient-ils arrivés à se détacher autant de l'Évangile, de Paul et des autres Églises ? Se considéraient-ils comme les fondateurs de la foi, l'Église mère, les auteurs de l'Écriture ou les seuls détenteurs de la vérité ?

Pour conclure ses exhortations où il n'en cache pas moins son indignation, Paul en appelle finalement à sa seule autorité apostolique (v. 37, 38). « Si quelqu'un croit être prophète ou inspiré, qu'il reconnaisse que *ce que je vous écris est un commandement du Seigneur*. Et si quelqu'un l'ignore, qu'il l'ignore » (italiques pour souligner). Certains chrétiens de l'Église de Corinthe critiquaient Paul ; aussi s'adresse-t-il directement à eux qui se prévalaient prophètes ou personnages inspirés. En effet, il fait remarquer : « Si vous êtes vraiment inspirés, vous reconnaîtrez que ce que je vous écris en tant qu'apôtre ayant reçu pleine autorité est un commandement du Seigneur ». Le commentateur Leon Morris souligne : « Aucune déclaration plus forte n'aurait pu être faite ».[102]

Sur un ton dur, le verset 38 stipule que personne ne peut nier l'autorité divine unique sans être lui-même non reconnu comme inspiré ou prophète, et en tout état de cause par Dieu, et d'une certaine manière par les croyants jouissant du discernement spirituel. La vérité en est que les paroles de Paul sont les paroles de Jésus-Christ.

Paul rappelle l'esprit supérieur et indépendant des Corinthiens, lequel différait des pratiques apostoliques normales des Églises, aussi les exhorte-t-il à réformer leurs voies et à se conformer aux usages qui étaient en vigueur.

> *De ce fait, il désirait les voir agir en conformité avec les autres communautés quant à la participation des femmes aux réunions d'Église.*

Jésus-Christ parle par la bouche de Paul. L'enseignement de Paul sur le rôle de la femme est l'enseignement de Jésus-Christ lui-même sur le sujet. Quiconque se dit spirituel doit savoir que ce que Paul écrit est le commandement du Seigneur. « Certains des Corinthiens croyaient avoir du discernement spirituel. Qu'ils le prouvent en reconnaissant l'inspiration lorsqu'elle se manifeste ! »[103]

> *Ce que je vous écris est un commandement du Seigneur.*

1 Corinthiens 11.2-16 : direction, soumission et gloire

1 Corinthiens 11 est un passage qui se veut ni populaire, ni bien connu. Pourtant, des trois extraits de 1 Corinthiens dont il est question dans ce livre, le chapitre 11 est extraordinairement riche en christologie, en anthropologie chrétienne, en angélologie, en interprétations pour ce qui est de l'Ancien Testament, en théologie au sujet des sexes, et en défis pour la compréhension.

Il y avait des dissensions parmi les Corinthiens pour ce qui était de se couvrir ou non la tête lors des réunions. Paul voulait qu'ils connaissent les vraies bases théologiques et bibliques afin qu'ils sachent dans quelles circonstances ils devaient le faire ou non, et ainsi se conformer aux pratiques justes de ceux qui tenaient fermement à la « tradition » telle qu'il leur avait enseignée (v. 3).

Le passage parle également des femmes qui prophétisent. Ce qu'il est utile de noter ici est que le sujet est traité selon la doctrine de l'autorité masculine. Les deux vérités doivent être prises ensemble ; l'une n'élimine pas l'autre.

Il s'agit là d'un passage long, compliqué, alors demandez à votre Père céleste de susciter votre intérêt et d'éclairer votre esprit quant à ce texte très profond. Remarquez particulièrement les versets 3 et 7 :

Je vous loue de ce que vous vous souvenez de moi à tous égards, et de ce que vous retenez mes instructions telles que je vous les ai données. 3 Je veux cependant que vous sachiez que Christ est le chef de tout homme, que l'homme est le chef de la femme, et que Dieu est le chef de Christ. ... 7 L'homme ne doit pas se couvrir la tête, puisqu'il est l'image et la gloire de Dieu, tandis que la femme est la gloire de l'homme. 8 En effet, l'homme n'a pas été tiré de la femme, mais la femme a été tirée de l'homme ; 9 et l'homme n'a pas été créé à cause de la femme, mais la femme a été créée à cause de l'homme. 10 C'est pourquoi la femme, à cause des anges, doit avoir sur la tête une marque de l'autorité dont elle dépend. 11 Toutefois, dans le Seigneur, la femme n'est point sans l'homme, ni l'homme sans la femme. 12 Car, de même que la femme a été tirée de l'homme, de même l'homme existe par la femme, et tout vient de Dieu. ... 16 Si quelqu'un se plaît à contester, nous n'avons pas cette habitude, non plus dans les Églises de Dieu.

En employant des arguments aussi forts, 1 Corinthiens 11 valide l'autorité masculine. Ce passage fait référence à Éphésiens 5 avec son affirmation stricte et sa riche démonstration de la doctrine d'autorité, particulièrement au verset 3 : « Je veux cependant que vous sachiez que Christ est le chef de tout homme, que l'homme est le chef de la femme, et que Dieu est le chef de Christ ». Paul réaffirme encore le fait tiré de Genèse 2 où l'homme « est l'image et la gloire de Dieu ; tandis que la femme est la gloire de l'homme ».

1 Corinthiens 11 ne présente pas la doctrine d'autorité comme étant temporaire, et convenant à la culture gréco-romaine du premier siècle. Ce passage la présente plutôt comme une conception permanente, ordonnée par Dieu pour les deux sexes. De plus, à l'image de 1

Corinthiens 14, Paul soutient ses affirmations au travers de ce qui se pratique de manière universelle dans toutes les Églises (v. 16).

Trois relations d'autorité-subordination

Paul se lance dans son sujet avec une ferveur théologique condescendante : « Je veux cependant que vous sachiez que Christ est le chef de tout homme, que l'homme est le chef de la femme, et que Dieu est le chef de Christ » (v. 3). Par ces trois associations observant une hiérarchie (Christ/homme, homme/femme, Dieu/Christ), Paul montre qu'il existe un lien d'autorité-soumission entre Christ et l'homme, l'homme et la femme, et entre Dieu et Christ. On ne peut changer ces rapports et vouloir les adapter à la philosophie égalitariste de la société séculière. Le lien d'autorité-soumission entre l'homme et la femme n'est pas une convenance culturelle ; il est voulu de Dieu.

Christ/homme

Paul attend d'abord de ses lecteurs qu'ils comprennent que « Christ est le chef de l'homme ». Dieu n'exempte pas l'homme de toute autorité. Et aucun homme ne peut agir comme il l'entend. L'homme (de sexe masculin) a une tête, un chef, une autorité à qui il doit se soumettre. Cette tête n'est autre que Christ. Les femmes chrétiennes, comme les hommes chrétiens, doivent savoir que tout individu a un chef à qui il doit obéir et se soumettre.

Une leçon importante se dégage ici pour les hommes. Étant donné que Christ est le chef, il représente parfaitement l'autorité divine. Il n'abuse jamais de ceux qui sont sous sa direction. « Par conséquent, ils [les hommes] ne sont pas libres de définir et d'exercer leur autorité comme ils l'entendent, mais plutôt en suivant le modèle de direction opéré par Christ en accord parfait avec son enseignement quant à l'autorité masculine qui a été donnée sous l'inspiration des apôtres (Ép 5.23-33 ; 1Pi. 3.7). »[104]

Homme/femme

Deuxièmement, Paul veut de ses lecteurs qu'ils saisissent cette vérité : que « l'homme est le chef de la femme ». Ce n'est pas seulement le duo central des trois énoncés, nous sommes aussi au cœur du contexte dans son entier. Certains croyants de Corinthe ont peut-être tiré des conclusions un peu hâtives et non bibliques sur leur nouvelle liberté et leur position en Christ. Mais Paul leur rappelle qu'il existe un lien d'autorité-soumission défini entre l'homme et la femme.[105] En fait, la femme est la seule personne ne portant pas le nom de « chef ». L'homme, Christ, et Dieu jouissent par contre de cette attribution.

Ce verset s'oppose au point de vue féministe selon lequel la soumission de la femme est un fait résultant de la chute (Ge 3.16) et que l'un des résultats de l'œuvre de Jésus sur la Croix est l'abolition de la malédiction du lien d'autorité-subordination entre l'homme et la femme. Il montre clairement que tout comme le Christ crucifié, ressuscité et exalté est le chef de la nouvelle création, Christ est le chef de l'homme, Dieu celui de Christ, et l'homme, le chef de la femme. Cela ne veut pas dire que la femme soit inférieure à l'homme du simple fait qu'elle lui soit soumise, ni que Christ le soit quant à Dieu le Père parce qu'il lui est subordonné. Le lien d'autorité-soumission de l'homme et de la femme est prouvé non seulement de par l'ordre originel présent dans la création, en Genèse, mais aussi de par l'ordre bien plus supérieur émanant de la puissance divine. De ce fait, l'autorité de l'homme se trouve enracinée dans la propre nature de Dieu. De plus, l'Église locale de Jésus-Christ doit reproduire ce lien d'autorité entre l'homme et la femme en laissant chacun intervenir dans des domaines qui lui sont propres.

Dieu/Christ

Troisièmement, Paul aimerait de ses lecteurs qu'ils reconnaissent que « Dieu est le chef de Christ ». En affirmant cela, Paul met l'accent sur un lien d'autorité et de subordination entre Dieu le Père et Dieu le Fils. Christ se soumet lui-même à Dieu le Père. Jésus-Christ remplit donc et le rôle de chef et le rôle de subordonné. Il est donc un exemple pour les deux composantes humaines. Jésus-Christ est Dieu le Fils. Il est pleinement et éternellement égal à Dieu le Père en essence, en pouvoir, en gloire, et en dignité ; pourtant il a un rôle et une mission bien distincts. En effet, en tant que Sauveur, envoyé par Dieu le Père, il est fonctionnellement subordonné à Dieu.[106]

> **Jésus Christ remplit le rôle et de chef et de subordonné. Il est un exemple pour les deux composantes humaines.**

Il obéit de plein gré à la volonté de Dieu le Père (1Co 15.28 ; voir aussi 3.23). Avec une précision remarquable, S. Lewis Johnson, Jr., ancien professeur au Séminaire théologique de Dallas, résume cette vérité :

> La preuve ultime et éloquente que l'égalité et la soumission peuvent coexister en parfaite harmonie se trouve dans la mission de médiation du Fils de Dieu, « Dieu né de Dieu, Lumière née de la Lumière, vrai Dieu né du vrai Dieu » (Concile de Nicée, 325 apr. J.-C.), qui a rempli [sa mission] avec une pleine soumission à son Père (voir Jn 8.21-47 ; 1Co 15.24-28 ; 11.3).[107]

Quel énorme encouragement que cette vérité ! Si Jésus-Christ notre Seigneur est soumis et a accepté de plein gré de souffrir afin d'obéir à la volonté de son chef, de même, chaque croyant, homme ou femme, peut se soumettre avec joie à qui de droit, même lorsqu'il est difficile ou désagréable de s'exécuter. « *À partir de ce point, nous remarquerons combien la tête joue un rôle important dans la rédemption : sous Dieu, quiconque, qu'il soit homme ou femme, ou Christ lui-même, a un chef* (italiques pour souligner). »[108]

> « *La preuve ultime et éloquente que l'égalité et la soumission peuvent coexister en parfaite harmonie se trouve dans la mission de médiation du Fils de Dieu, qui a rempli [Sa mission] avec une pleine soumission à Son Père.* » S. Lewis Johnson

L'ordre originel de la création

Dans les versets 7 à 12, Paul présente une deuxième ligne de pensée pour soutenir la doctrine qui consiste à se couvrir ou non la tête : le récit de la création de l'homme et de la femme dans le livre de la Genèse. Le fait d'en faire usage pour soutenir les rôles respectifs quant à ceux-ci reste cohérent avec ce qu'affirme Paul dans ce contexte (1Co 14.34 ; 1Ti 2.12-14 ; Ép 5.31, 32). Réservez-vous un moment pour examiner les versets suivants :

L'homme ne doit pas se couvrir la tête, puisqu'il est l'image et la gloire de Dieu, tandis que la femme est la gloire de l'homme. 8 En effet, l'homme n'a pas été tiré de la femme, mais la femme a été tirée de l'homme ; 9 et l'homme n'a pas été créé à cause de la femme, mais la femme a été créée à cause de l'homme. ... 11 Toutefois, dans le Seigneur, la femme n'est point sans l'homme, ni l'homme sans la femme. 12 Car, de même que la femme a été tirée de l'homme, de même l'homme existe par la femme, et tout vient de Dieu. (1 Co 11.7-9, 11-12)

L'homme est l'image et la gloire de Dieu

Paul déclare que l'homme est « l'image et la gloire de Dieu » (v. 7). Non seulement l'homme a été créé à l'image de Dieu mais il est également la « gloire de Dieu ». Il s'agit là d'un enseignement tout aussi important que profond qu'il ne faut en aucun cas effleurer. Le verset 7 en particulier mérite attention et réflexion.

Lorsque Dieu créa le premier être humain, il forma un homme. L'espèce mâle fut formée en premier directement de Dieu et fut appelée à régner sur terre. Si l'on se réfère au verset 3, l'homme est un « chef » tout comme Christ et Dieu le sont, mais cela n'est pas dit de la femme. Ainsi, l'homme joue-t-il les rôles qui s'appliquent à Dieu pour ce qui est de la direction et de l'autorité : « L'homme dans sa masculinité est comme une lentille qui reflète les divers attributs de Dieu ».[109]

La gloire de Dieu

Être la gloire de Dieu veut dire montrer les caractéristiques distinctives de Dieu et le louer. William E. et Barbara K. Mouser, dans leurs cours intitulés *Five Aspects of Man* et *Five Aspects of Woman*, énumèrent les points suivants pour lesquels l'homme est la gloire de Dieu.

Premièrement, les hommes affichent cette gloire par leur force et leur autorité que l'on retrouve aussi dans leur allure et leur physique. « Dieu leur a donné l'émanation de la puissance. Leurs os, leurs muscles et leur physionomie sont plus forts, plus épais et plus marqués au niveau de leur apparence. La voix de l'homme est plus grave et induit l'autorité. Il est caractérisé par l'assurance, l'air décidé et l'initiative (Pr 30.29-31). En fin de compte, toute la force, l'autorité et la puissance puisent leur origine en Dieu qui a accordé à l'homme l'honneur d'afficher ces caractéristiques dans son corps physique et dans son apparence. »[110]

Deuxièmement, l'homme affiche la gloire de Dieu en « partageant avec Dieu ses rôles masculins, soit les rôles de père, d'époux, de combattant, de roi et de sacrificateur. L'homme assume ces rôles en vertu de sa masculinité ».[111]

Troisièmement, l'homme manifeste cette gloire en dirigeant l'adoration. « Des hommes étaient des patriarches dans l'Ancien Testament et occupaient les fonctions de sacrificateur et de roi… Le Nouveau Testament enseigne que ce sont eux qui doivent siéger parmi les anciens (1Ti 2 et 3), que la responsabilité finale d'interpréter et de défendre l'Écriture leur incombe

(1Co 14.29-40), et qu'hommes et femmes doivent observer et respecter l'ordre créé en vue de l'adoration (1Co 11.3-16). »[112]

La femme est la gloire de l'homme

En contraste avec ce qui précède, la femme est « la gloire de l'homme ». Paul évite soigneusement de dire que la femme est l'image de l'homme parce qu'elle ne l'est pas. Le texte de la création mentionne expressément que la femme, tout comme l'homme, a été créée à l'image de Dieu (Ge 1.27). L'homme et la femme portaient tous deux son image, et en cela ils étaient égaux. Toutefois, dans leurs rôles au sein de leur relation et de par leur conception, l'homme et la femme ont été créés différents.

> « *Nous constaterons donc combien l'autorité joue un rôle important dans la rédemption : sous Dieu, quiconque, qu'il soit homme ou femme, ou Christ lui-même, a un chef.* »
> David Gooding

Ainsi, la gloire de l'homme et la gloire de la femme diffèrent. Le fait que la femme est la gloire de l'homme est illustré et prouvé par le récit de la création cité dans les versets 8 et 9.

- **La femme tirée de l'homme.** Dieu créa Adam en premier et instantanément (Ge 2.7). À partir de la côte d'Adam, Dieu forma Ève (Ge 2.21). Le verset 8 se lit ainsi : « En effet, l'homme n'a pas été tiré de la femme, mais la femme a été tirée de l'homme ». Paul affirme cela de manière à mettre l'accent sur la primauté de celui-ci. La femme a été tirée de l'homme ; aussi est-elle dans un certain sens la « gloire de l'homme ».

Paul utilise ces mêmes données dans 1 Timothée 2.13 pour parler de l'ordre dans lequel l'humanité fut créée pour soutenir l'autorité masculine dans l'Église.

- **La femme créée pour l'homme.** Paul dit au verset 9 : « l'homme n'a pas été créé à cause de la femme, mais la femme a été créée à cause de l'homme ». Le verset 9 fait référence à Genèse 2.18, qui dit que Dieu créa la femme pour être « une aide semblable à lui [Adam] ». Son rôle était d'aider l'homme, d'être son complément et de le soutenir. Ainsi, « le rôle de celui-ci n'est pas défini selon celui de la femme, mais celui de la femme selon celui de l'homme ».[113] En cela également, elle est la gloire de l'homme.

Dieu créa la femme pour l'homme, pour qu'elle soit son aide et sa compagne. De même qu'une reine belle et sage est la gloire suprême d'un roi, il en est ainsi de la femme pour l'homme. Dieu la créa pour refléter directement l'autorité de celui-ci et lui reconnaître et démontrer son leadership en l'appuyant et en s'y soumettant.

Ce n'est ni une question ni un concept d'ordre culturel. Il s'agit là du plan divin. Par sa personne même qui est à l'image de Dieu, sa beauté, sa grâce et sa sagesse, sa capacité à se donner, sa dépendance à l'homme, sa réponse sexuelle, son soutien dans le leadership de celui-ci et son autorité, elle ne peut être que sa gloire. Tout comme la femme est la gloire de son conjoint, ainsi l'épouse, l'Église, est la gloire de Christ.

L'interdépendance de l'homme et de la femme

Paul est sensible au fait que la question des distinctions homme-femme puisse être mal comprise et provoquer de l'abus chez les païens. Aussi, aux versets 11 et 12, il contrebalance ce qu'il affirme, à savoir que la femme est la gloire de l'homme, en parlant de l'interdépendance des deux sexes.

L'homme est le chef de la femme (v. 3), mais il dépend également de celle-ci et il a besoin d'elle autant qu'elle a besoin de lui (v. 11, 12). Les vérités des versets 3 et 7 ne doivent jamais être prises séparément de celles des versets 11 et 12. Autorité et soumission doivent toujours être enseignées de pair avec l'égalité et l'interdépendance des sexes. Comme le dit notre auteur dans son inspiration : « dans le Seigneur, la femme n'est point sans l'homme, ni l'homme sans la femme » (v. 11). Cette dépendance à l'autre est expliquée au verset 12. De même qu'Ève a été tirée d'Adam (et ne peut vivre sans lui), de même l'homme doit son existence à la femme de laquelle il naît (aussi dépend-t-il d'elle). De plus, « toutes choses viennent de Dieu ». L'homme et la femme, tous deux, proviennent donc de la main de celui-ci. Il est le Créateur qui décide de notre existence et de notre profil humain. Il est le potier, nous sommes l'argile. Tous dépendent de lui. Aussi ne laissez ni l'homme ni la femme agir comme s'ils étaient « Créateur » ou « Seigneur » de l'autre.

Autorité et soumission doivent toujours être enseignées de pair avec l'égalité et l'interdépendance des sexes.

Les trois mots clés du Nouveau Testament, « chef », « soumission » et « prendre autorité », enseignent clairement la doctrine d'autorité-soumission. L'exhortation de Paul aux Églises d'Éphèse, de Corinthe, de Colosses et de l'île de Crète, concernant cette doctrine, nous rappelle que dans un monde pécheur, même les croyants luttent avec la soumission et l'autorité. Par conséquent, Paul devait réaffirmer le plan originel prévu pour l'homme et la femme dans la création de Dieu. Le christianisme n'abolit pas le dessein divin pour l'humanité ; il ne fait que le définir davantage.

Romains 16.1-16 ; Actes 16.14, 15 ; 18.24-26 ; Philippiens 4.2, 3 ; 1 Timothée 3.11 : le ministère des femmes

Bien que les femmes ne pouvaient être ni pasteurs, ni anciens dans les premières Églises, elles étaient activement impliquées dans le service chrétien et l'évangélisation. Elles étaient les servantes du Seigneur, ses rachetées.

Romains 16.1-16

Paul mentionne plusieurs de ces femmes à la fin de sa lettre aux chrétiens de Rome (v. 1-16). Il cite spécifiquement (ou salue) vingt-neuf personnes, dont au moins neuf et peut-être dix d'entre elles sont des femmes : Phœbé ; Prisca ; Marie ; Junias (?) ; Tryphène ; Tryphose ; Perside ; la mère de Rufus ; Julie ; la sœur de Nérée. Ce passage démontre sans aucun doute que Paul avait une grande estime pour le sexe féminin.

Ces femmes étaient les sœurs de Paul dans le Seigneur, ses amies bien-aimées et des compagnes d'œuvre dans l'évangélisation. Indéniablement, il se plaît à reconnaître leur noble service, leur courage, leur dur labeur et leur amour. Leur travail était capital et nécessaire à l'œuvre du Seigneur. Par conséquent, il les apprécia à leur juste valeur et leur manifesta toute sa gratitude.

Quel exemple pour nous ! Beaucoup trop souvent, les sœurs qui travaillent pour le Seigneur ne sont pas appréciées ni même remarquées. Voyez la différence dans l'attitude de Paul lorsque vous lisez ce passage :

Je vous recommande Phœbé, notre sœur, qui est diaconesse de l'Église de Cenchrées, 2 afin que vous la receviez en notre Seigneur d'une manière digne des saints, et que vous l'assistiez dans les choses où elle aurait besoin de vous, car elle a donné aide à plusieurs et à moi-même. 3 Saluez Prisca et Aquilas, mes compagnons d'œuvre en Jésus-Christ, 4 qui ont exposé leur tête pour sauver ma vie; ce n'est pas moi seul qui leur rends grâces, ce sont encore toutes les Églises des païens. ... 6 Saluez Marie, qui a pris beaucoup de peine pour vous. 7 Saluez Andronicus et Junias, mes parents et mes compagnons de captivité, qui jouissent d'une grande considération parmi les apôtres, et qui même ont été en Christ avant moi. ... 12 Saluez Tryphène et Tryphose, qui travaillent pour le Seigneur. Saluez Perside, la bien-aimée, qui a beaucoup travaillé pour le Seigneur. 13 Saluez Rufus, l'élu du Seigneur, et sa mère, qui est aussi la mienne. ... 15 Saluez Philologue et Julie, Nérée et sa sœur, et Olympe, et tous les saints qui sont avec eux. (Romains 16.1-4, 6-7, 12-13, 15)

Phœbé

Phœbé est la première femme qui est mentionnée. Paul la recommande avec ferveur aux chrétiens de Rome comme étant une sœur chrétienne et une « diaconesse de l'Église de Cenchrées ». Le mot grec pour « diaconesse » est *diakonos*, c'est-à-dire : diacre. Mais il s'agit également d'un mot pouvant jouir d'un usage plus ordinaire, signifiant *serviteur* au sens général, et non officiel. Ce que Paul entend par *diakonos* n'est pas explicite car les deux significations conviennent au contexte.

Dans le cas précis où elle jouait le rôle de diaconesse, Phœbé faisait un travail officiel de soins et de bénévolat, car c'est là la tâche du diacre qui est établie dans le Nouveau Testament. Elle se serait donc occupée des pauvres de l'Église, des veuves qui auraient été dans le besoin, et des malades. Si par *diakonos* Paul entend « servante » au sens général du terme, c'est-à-dire sans être accréditée, Phœbé s'occupait de tout son être à aider l'Église sur un plan pratique en toute chose : hospitalité, dons financiers, prière, témoignage, enseignement à d'autres femmes, conseils, visites et bénévolat.

Paul indique également qu'elle avait « donné aide à plusieurs et à moi-même ». Certains affirment que le mot grec pour « aide » (*pros-

tatis) signifie « patron » ou « leader », [114] suggérant ainsi que Phœbé était pasteur ou leader dans la communauté même. Toutefois, cette interprétation ne convient pas au contexte. Pour l'ensemble du passage, la meilleure façon de rendre cette expression plus juste tout en conservant sa forme féminine est de lui donner pour signification le mot « aide », soit : quelqu'un qui donne assistance.[115]

Paul demande ici à ce que les chrétiens de Rome puissent aider (*paristemi*) Phœbé parce qu'elle avait été elle-même une « aide » (*prostatis*) pour plusieurs croyants et à lui également. Des indications attestent que Phœbé devait être une femme pleine de ressources. Si tel était le cas, elle utilisait ce dont elle disposait pour aider « plusieurs » chrétiens dont Paul (Ro 16.2). Paul n'est sûrement pas en train de dire qu'elle dirigeait des personnes, lui compris. L'accent est plutôt mis sur le fait qu'elle devait recevoir de l'aide parce qu'elle-même avait été une « aide » pour plusieurs, dont l'apôtre. Toutes les grandes traductions françaises s'accordent à rendre ce mot ainsi.

Phœbé travaillait pour le Seigneur et était une femme d'influence parmi les croyants de Cenchrées. Elle était un modèle d'amour et de service chrétiens. Toutefois, rien dans le texte ne permet de supposer qu'elle était un ancien, un pasteur, une enseignante de l'Église, ou que l'Église était sous sa responsabilité.

Prisca (Priscilla)

La deuxième femme dont il est fait mention est Prisca, femme d'Aquilas (v. 3). Prisca (aussi appelée Priscilla) et son conjoint étaient tous deux des « compagnons d'œuvre de Paul en Jésus-Christ », ce qui signifie qu'ils formaient un couple d'évangélistes. Comme Paul, ils se consacraient à la propagation de l'Évangile. En raison de leur amour et de leur estime pour l'apôtre, celui-ci a été sauvé au péril de leur vie. Les détails de cet épisode ne sont cependant pas donnés. Toutefois Paul affiche sa fierté quant à Priscilla qui était une compagne d'œuvre au même titre qu'Aquilas, une collègue de mission dans l'évangélisation. Suite au travail et au remarquable courage de ce couple, Paul et « toutes les Églises des païens » s'associaient pour lui rendre grâces.

Marie

Paul salue Marie et manifeste sa gratitude de ce qu'elle « a pris beaucoup de peine » (v. 6) pour les chrétiens de Rome. Outre la tâche non précisée, car nous n'en connaissons pas les détails, Paul avait entendu parler de son service à l'égard de son Église. Il aimait en toute sincérité son dévouement envers les rachetés du Seigneur et rappelait aux chrétiens le travail qu'elle accomplissait. Il était donc normal de la saluer et de la remercier pour son travail.

Junias

Il y a un certain désaccord quant au nom et au titre officiel de « Junias ». Le verset 7 se lit ainsi : « Saluez Andronicus et Junias, mes parents et mes compagnons de captivité, qui jouissent d'une grande considération parmi les apôtres, et qui même ont été en Christ avant moi ». Il n'est pas certain que Junias (en grec *Iounian*) soit une femme ou un homme. Pour une femme, nous aurions eu le nom de Junia, pour un homme, il s'agit de Junias.

Ce qui jette sur le texte déjà peu clair une grande controverse est le fait que Junias et Andronicus sont décrits comme « jouissant d'une grande considération parmi les apôtres ». Les féministes évangéliques prennent ce texte comme traduisant la présence d'une femme apôtre. Mais il y a plusieurs raisons qui n'évoquent pas nécessairement cela.

Premièrement, pour être honnête avec ce dont nous disposons pour preuve, nous ne pouvons affirmer avec certitude si le nom (*Iounian*) s'adresse à un homme ou à une femme. Comme on peut s'y attendre, les complémentaristes favorisent le nom d'homme, Junias, et les féministes le nom de femme, Junia.

Deuxièmement, le fait que Jésus-Christ ait choisi directement et uniquement des apôtres de sexe masculin et que toutes les autres personnes nommées dans le Nouveau Testament comme étant des apôtres sont clairement des hommes, cela devrait suffire à nous rendre prudents quant à déclarer avec assurance que ce passage prouve l'existence d'apôtres femmes lors de la période néo-testamentaire.

Troisièmement, l'exhortation de Paul à l'intention des femmes sur le fait qu'elles ne peuvent ni « enseigner ni prendre autorité sur l'homme », que « l'homme est le chef de la femme » et que les femmes dans les réunions d'Église « doivent être soumises » ne soutient pas la thèse d'une femme apôtre. En fait, cela la contredit. Si nous prenons au sérieux l'enseignement de Paul quant aux rôles respectifs des hommes et des femmes au sein de la famille et de l'Église, il est difficile de croire que son ami Junias soit une femme apôtre hautement recommandée.

Par conséquent, il est surprenant d'entendre un commentateur tel que James Dunn déclarer : « Nous pouvons toutefois conclure avec certitude que l'un des tout premiers apôtres de la chrétienté était une femme et épouse ».[116] Une telle déclaration est un vœux pieux et non un fait sans équivoque.

Tryphène, Tryphose, Perside, la mère de Rufus

Paul salue Tryphène et Tryphose, qui sont vraisemblablement des sœurs (v. 12). Paul les reconnaît comme « travaillant pour le Seigneur ». Le genre de mission qu'elles effectuaient n'est pas spécifié.

Paul parle de façon affectueuse de Perside comme étant « la bien-aimée » (v. 12). L'utilisation du temps passé, « a beaucoup travaillé », suggère qu'elle est soit une femme âgée, soit une femme malade, et que ses années de dur labeur se trouvent derrière elle. Ayant accompli son service envers plusieurs personnes, elle est devenue pour tous la « bien-aimée », d'où le fait « que lui soit attribuée une louange que Tryphène et Tryphose ne reçoivent pas ».[117]

Nous ignorons tout du nom de la mère de Rufus, mais il est bien connu du Seigneur (v. 13). Cette femme traita Paul avec un tel amour maternel et une telle tendresse qu'il se sentait comme un fils.

Actes 16.14, 15 ; Philippiens 4.2-3 : Lydie, Évodie et Syntyche

D'autres femmes ont aussi travaillé avec Paul, aussi se fait-il un plaisir de les mentionner. Dans l'Église de Philippes, les noms de trois femmes actives, influentes sont ainsi cités : Lydie, Évodie et Syntyche. Philippiens 4.2-3 se présente comme suit :

> J'exhorte Évodie et j'exhorte Syntyche à être d'un même sentiment dans le Seigneur. 3 Et toi aussi, fidèle collègue, oui, je te prie de les aider, elles qui ont combattu pour l'Évangile avec moi, et avec Clément et mes autres compagnons d'œuvre, dont les noms sont dans le livre de vie.

D'Évodie et Syntyche, Paul peut dire qu'elles « ont combattu pour l'Évangile » avec lui. Elles étaient donc considérées comme « compagnons d'œuvre » (Ph 4.3). Pour utiliser une métaphore propre à la guerre, Paul dépeint ces femmes comme des combattantes à ses côtés, et ce, pour la cause de l'Évangile. Leur ministère était décisif dans sa mission d'évangélisation et pour l'Église de Philippes. De nos jours, nous appelons de telles femmes des missionnaires.

Lydie était une femme d'affaires et la première convertie en ce qui concerne la communauté chrétienne de Philippes. Elle aussi était une femme dynamique et forte. Sa maison est devenue la maison de Paul et possiblement l'endroit où les réunions d'Église avaient lieu. « Par contre le rôle que celle-ci aurait effectivement joué lors des rassemblements de croyants n'est que pure spéculation. » [118] Luc rapporte dans Actes 16.14-15 :

> L'une d'elles, nommée Lydie, marchande de pourpre, de la ville de Thyatire, était une femme craignant Dieu, et elle écoutait. Le Seigneur lui ouvrit le cœur, pour qu'elle fût attentive à ce que disait Paul. 15 Lorsqu'elle eut été baptisée, avec sa famille, elle nous fit cette demande : Si vous me jugez fidèle au Seigneur, entrez dans ma maison, et demeurez-y. Et **elle nous pressa par ses instances** (gras pour souligner).

Ces femmes étaient devenues toutes trois les proches amies de Paul pour sa mission d'évangélisation.

Actes 18.24-26 : Priscille, Aquilas et Apollos

Un incident survint dans le ministère de Priscille et Aquilas qui souleva beaucoup de discussions. Lorsque eux deux rencontrèrent à Ephèse Apollos, un puissant évangéliste, ils s'aperçurent qu'il ne saisissait pas bien toute la teneur de l'Évangile :

Un Juif nommé Apollos, originaire d'Alexandrie, homme éloquent et versé dans les Écritures, vint à Éphèse. 25 *Il était instruit dans la voie du Seigneur, et, fervent d'esprit, il annonçait et enseignait avec exactitude ce qui concerne Jésus, bien qu'il ne connût que le baptême de Jean.* 26 *Il se mit à parler librement dans la synagogue. Aquilas et Priscille, l'ayant entendu, le prirent avec eux, et lui exposèrent plus exactement la voie de Dieu.* (Actes 18.24-26)

Commentant ce passage, un érudit féministe déclarait avec joie que « c'était là une claire indication attestant de ce qu'une femme avait autorité et la responsabilité de l'enseignement dans l'Église ».[119] Toutefois, cette déclaration ne prouve pas qu'il y ait justement « claire indication ».

Pas une seule seconde, nous chercherions à diminuer le dévouement ou la connaissance qu'avait Priscille de l'Église ou encore son influence sur Apollos, car elle était une grande femme. Pourtant, le texte n'indique pas de manière précise si Priscille enseignait la communauté ou encore si elle figurait parmi les anciens. En fait, le texte ne donne aucun détail sur l'Église. Ce que Luc évoque est une réunion privée entre trois personnes sans plus de précisions.

1 Timothée 3.11 : les femmes diaconesses

Plusieurs commentateurs avisés croient que 1 Timothée 3.11 parle de diaconesses qui servaient des femmes.

Les femmes [épouses], de même, doivent être honnêtes, non médisantes, sobres, fidèles en toutes choses.

Cependant, d'autres interprètes considèrent ces femmes comme étant les épouses qui aidaient leur mari diacre.[120] Et même si celles-ci étaient des diaconesses, elles avaient des ministères d'aide et non de direction et d'enseignement. Ainsi, elles ne violaient en rien la restriction de Paul quant aux femmes qui auraient autorité sur des hommes.

Le Saint-Esprit donne des dons et habilite tous les croyants pour des ministères, quel que soit le sexe. Les femmes chrétiennes du premier siècle ont joué un rôle essentiel dans l'œuvre du Seigneur. Elles en avaient les talents, étaient impliquées et actives dans les premiers temps du christianisme (Ac 1.14). Mais leur rôle actif dans l'avancement de l'Évangile et leur aide à l'égard des croyants étaient exercés de telle sorte qu'elles ne violaient pas le modèle divin d'autorité masculine dans l'Église.

Selon le Nouveau Testament, et en fonction des dons reçus, de la maturité spirituelle et des cadres d'exercice qui conviennent, les femmes chrétiennes devaient :

- Participer pleinement à l'œuvre de Dieu, en servant le Seigneur et ses rachetés avec les dons spirituels qui leur avaient été échus (1Co 7.34 ; 11.5 ; 16.15 ; Ac 16.15 ; Ro 16.1-4, 6, 12).
- Étudier activement les Écritures et en apprendre les doctrines. Elles devaient être capables de défendre à n'importe quel moment ce en quoi elles croyaient et d'enseigner d'autres personnes dans la foi (1Pi 3.15 ; Ac 18.26 ; 1Ti 2.11).
- Témoigner de façon active (Ph 4.2, 3 ; 2Ti 1.5).
- Être engagées dans des ministères d'aide aux personnes dans le besoin (Lu 8.1-3 ; Ac 9.36, 39 ; 1Ti 2.10 ; 3.11 ; 5.10, 16 ; Ro 16.13).
- Servir dans l'Église locale (Ro 16.1, 6).
- Enseigner les tâches domestiques à d'autres femmes (Tit 2.4, 5).
- Faire preuve d'hospitalité (Ac 16.15 ; 18.3 ; 1Ti 5.10).
- Prier et prophétiser (témoigner) (1Co 7.5 ; 11.5 ; Ac 21.9 ; 1Ti 5.5 ; Ap 2.20).
- Prendre soin de leur mari et de leurs enfants (1Ti 2.15 ; 5.10, 14 ; Tit 2.4, 5).

Le principe d'autorité masculine ne diminue pas l'importance et la nécessité de l'engagement actif d'une femme dans l'œuvre du Seigneur. Les femmes sont d'excellentes évangélistes, des soldats dans la prière, des bâtisseuses de générations, des « anges » de miséricorde, des dispensatrices de soins, des conseillères et des personnes aimant le Seigneur. Beaucoup d'entre elles ont souffert et ont été des martyres pour la cause de l'Évangile. Nous ne devons jamais les oublier, ni diminuer leur service pour notre Dieu, ou être ingrats à l'égard de leur contribution.

> **Les femmes du premier siècle ont joué un rôle essentiel dans l'œuvre du Seigneur. Elles en avaient les talents, étaient impliquées et actives dans les premiers temps du christianisme.**

Galates 3.28 : l'unité en Christ

Je terminerai cette étude avec un dernier texte de l'Écriture, Galates 3.28. Il s'agit là d'un passage magnifique s'adressant aux hommes et aux femmes. Quel que soit le sexe, Dieu ne fait aucune différence quant au salut et aux bénédictions. Bien que tous les croyants s'accordent à dire que le texte est formidable, il est aussi, et malheureusement, une cause de disputes.

Pour nos frères et sœurs féministes, Galates 3.28 est le point de départ du débat théologique sur les sexes. Il est, toujours selon eux, la clé d'interprétation relative à tous les passages qui concernent les sexes. Les complémentaristes s'opposent toutefois à cette idée. Lorsque vous parcourrez le texte, concentrez-vous sur le verset 28, particulièrement sur l'expression qui soulève tant de discussions : « ni homme ni femme ». En raison de la complexité avec laquelle Paul amène son argument à partir de l'Ancien Testament, il vous faudra être très attentif pour pouvoir suivre son raisonnement et bien le comprendre. Il vous est également possible de lire tout le contexte, soit : Galates 3.16-4.7.

> Or les promesses ont été faites à Abraham et à sa postérité. Il n'est pas dit : et aux postérités, comme s'il s'agissait de plusieurs, mais en tant qu'il s'agit d'une seule : et à ta postérité, c'est-à-dire, à Christ. 17 Voici ce que j'entends : une disposition, que Dieu a confirmée antérieurement, ne peut pas être annulée, et ainsi la promesse rendue vaine, par la loi survenue quatre cent trente ans plus tard. 18 Car si l'héritage venait de la loi, il ne viendrait plus de la promesse ; or, c'est par la promesse que Dieu a fait à Abraham ce don de sa grâce. (Ga 3.16-18)

> Car vous êtes tous fils de Dieu par la foi en Jésus-Christ ; 27 vous tous, qui avez été baptisés en Christ, vous avez revêtu Christ. 28 Il n'y a plus ni Juif ni Grec, il n'y a plus ni esclave ni libre, il n'y a plus ni homme ni femme ; car tous vous êtes un en Jésus-Christ. 29 Et si vous êtes à Christ, vous êtes donc la postérité d'Abraham, héritiers selon la promesse. (Ga 3.26-29)

Le contexte dans lequel Galates 3.28 se trouve traite spécifiquement du salut : le thème central et incontesté de la théologie de Paul. Les faux enseignants (appelés judaïsants) avaient infiltré les Églises nouvellement formées de Galatie. Ils enseignaient que les croyants devaient obéir à la loi de Moïse (être circoncis) pour être réellement sauvés (voir Ac 15.1). C'est ce faux évangile que Paul réfute dans Galates 3.1-4.7, qui est le contexte général de notre passage.

Le sens de Galates 3.28

Les circonstances dans lesquelles ce verset a été écrit traitent du plan de salut de Dieu ; de la portée de la loi incluse dans la bénédiction promise à Abraham ; soit : les conditions pour obtenir le salut, la filiation, l'héritage et l'unité en Christ ; et la justification par la foi et non la loi de Moïse. Ainsi, le point soulevé au verset 28 est que les distinctions entre hommes et femmes, Juifs et Grecs, esclaves et hommes libres n'ont aucune importance lorsqu'il s'agit de recevoir le salut. C'est l'union par la foi en Christ qui fait la différence, peu importe le sexe, le statut social ou la race.

Celui qui écrivit ces paroles avait été un pharisien intraitable de par le passé. Avant de connaître la bonne nouvelle de Christ, Paul croyait que la bénédiction d'Abraham était pour les Juifs et qu'elle s'adressait particulièrement à ceux qui étaient nés libres, adultes, et mâles. La considération de Paul est qu'en raison de la venue de Christ, *tous ceux* qui croient, et non seulement ceux qui répondent à des critères particuliers, sont également qualifiés pour être enfants de Dieu, unis en Christ, héritiers de la bénédiction d'Abraham, et donc justifiés et habités de l'Esprit.

Galates 3.28 n'a pas pour but de traiter les troubles pouvant exister entre les parties de chacune des trois paires vues précédemment. Ce que Paul soulève n'est pas la relation oppressante que peuvent connaître hommes et femmes. Il affirme tout simplement que pour l'héritage promis, il n'y a *aucune distinction* entre hommes et femmes. La manière dont l'homme et la femme doivent se comporter l'un envers l'autre après avoir été sauvés n'est pas ici le sujet. « L'enjeu », écrit Cottrell, « est le statut spirituel ou la relation avec Dieu, non les rôles ecclésiastiques et sociaux… L'essentiel porte sur la façon dont nous *entrons* dans une relation salvatrice avec Dieu, non les implications émanant de cette relation. » [121]

L'usage impropre de Galates 3.28

Dans leur euphorie quant à l'expression « ni homme ni femme », les interprètes féministes font dire à Galates 3.28 bien plus qu'il ne signifie et font des affirmations exagérées quant au reste du texte. Ils déclarent que ce dernier est la mère de tous les passages traitant des attributs humains, que le verset a une priorité sur tous les autres textes traitant de ces spécificités. Il est considéré comme étant « la Grande Charte » du féminisme chrétien, abolissant ainsi toutes distinctions de rôle entre hommes et femmes.

Tout comme les féministes, les homosexuels qui croient en la Bible réclament le droit aux relations entre personnes de même sexe parce que les Écritures spécifient « ni homme ni femme ». Un auteur homosexuel d'influence le commente ainsi : « S'il n'y a plus ni homme ni femme en Jésus-Christ, Dieu ne fait pas cas du sexe que nous estimons ni de l'orientation sexuelle que nous choisissons ».[122] Mais est-ce que Galates 3.28 abolit toutes distinctions sexuelles ? Les hommes peuvent-ils se marier avec des hommes et les femmes avec leurs semblables ? Les chrétiens peuvent-ils approuver les mariages entre conjoints de même sexe ?

La grande majorité des féministes évangéliques rejette le point de vue homosexuel. Ils décrivent Galates 3.28 en affirmant que d'autres passages de l'Écriture assimilent l'homosexualité à un péché d'ordre sexuel (Ro 1.26, 27 ; 1Co 6.9, 10) et affirment que l'expression « ni homme ni femme » n'élimine d'aucune façon toutes distinctions de sexe. Cependant quand les non féministes expliquent Galates 3.28 avec d'autres textes bibliques qui enseignent les différences de rôles, les féministes parlent de « coup bas », et déclarent que de telles affirmations sont des contradictions ou des interprétations simplistes. Ils veulent isoler Galates 3.28 afin de ne pas le limiter, mais leur position n'est pas cohérente. Tout comme les textes bibliques concernant le péché d'homosexualité incluent Galates 3.28, ainsi les textes sur les différences de rôle homme-femme contredisent l'interprétation égalitariste du verset.

Le même Paul qui écrivit « il n'y a ni homme ni femme » écrivit également : « le mari est le chef de la femme, comme Christ est aussi le chef de l'Église ». Ces énoncés ne sont pas contradictoires. Le premier concept concerne l'égalité dans le salut ; le deuxième, les relations mari-femme telles que créées par Dieu. Les deux vérités coexistent sans contradictions dans le Nouveau Testament ; il nous faut donc donner un poids égal aux deux. Bruce Waltke, un érudit de l'Ancien Testament, explique la bonne approche à adopter pour les deux affirmations bibliques : « Ces vérités concernant l'égalité et l'inégalité des sexes doivent être équilibrées en toute logique en leur attribuant le même poids de manière simultanée et non en en laissant une vicier l'autre en la subordonnant ».[123]

Pierre a créé un « équilibre logique » dans l'égalité mari-femme et les distinctions de rôle de ces derniers. La femme, selon l'apôtre, doit « aussi hériter de la grâce de la vie » et en même temps être celle qui se « soumet » dans le couple (1Pi 3.1-7). Nous ne pouvons bien comprendre la spécificité des sexes, d'un point de vue biblique, que lorsque nous permettons à l'Écriture de parler avec une pleine autorité et sur l'égalité homme-femme, et sur les différences de rôle de ceux-ci. Face à cela, les féministes proclament une demi-vérité. Ils mettent l'accent sur le côté égalitaire de la relation sans admettre l'autorité-subordination qui va de pair.

La raison de l'interprétation féministe est que l'égalité est leur concept fondamental. C'est pourquoi les féministes rejettent le fait que Dieu a créé l'homme et la femme de dimensions égale et inégale. Parce qu'ils croient si fortement en une pure égalité, une relation de soumission-autorité ne peut être vue que comme injuste et injustifiée. Mais leur idée d'égalité est un concept séculier, non un concept biblique, et il détruit l'ordre unique de Dieu voulu dans la relation homme-femme, qui est caractérisé par l'autorité parmi des êtres égaux.

> *Nous ne pouvons bien comprendre la spécificité des sexes, d'un point de vue biblique, que lorsque nous permettons à l'Écriture de parler avec une pleine autorité et sur l'égalité homme-femme, et sur les différences de rôle de ceux-ci.*

Les implications de Galates 3.28

Chaque jour, d'importantes implications sociales se font évidentes dans l'unité en Christ. Les gens de diverses provenances, incluant statuts raciaux et sociaux, vont ensemble dans la maison de Dieu. Tous les croyants, Juifs et Grecs, esclaves et hommes libres, hommes et femmes, sont baptisés et habités de l'Esprit. Des dons leur sont accordés pour servir le Corps et ils sont des membres à part entière du corps de Christ. Tous sont un et doivent servir et aimer l'autre en sachant se sacrifier.

Les croyants juifs doivent démontrer un amour fraternel pour leurs frères et sœurs païens et vice-versa. Ils doivent s'entraider les uns les autres, s'accepter, manger ensemble et partager une communion sociale. Refuser de manger avec quelqu'un à cause de ses origines était comme renier l'Évangile (voir Ga 2.11-14). « Accueillez-vous donc les uns les autres, comme Christ vous a accueillis, pour la gloire de Dieu » (Ro 15.7).

Esclaves et hommes libres doivent s'entraider dans l'amour et voir l'autre selon leur nouvelle position en Christ. « Car l'esclave qui a été appelé dans le Seigneur est un affranchi du Seigneur ; de même, l'homme libre qui a été appelé est un esclave de Christ » (1Co 7.22). Maîtres et esclaves doivent se conduire de manière honorable.

Les maris chrétiens doivent aimer leur femme de l'amour désintéressé dont Christ lui-même a fait preuve, un amour prêt à se donner. Ils ne doivent pas agir comme des seigneurs avec leur femme parce que Christ seul est Seigneur. Une femme doit être traitée comme « devant aussi hériter de la grâce de la vie ». La femme a autorité sur le corps de son mari tout comme lui a autorité sur le sien (1Co 7.4). Femmes et hommes chrétiens sont appelés à servir en propageant l'Évangile et en servant le corps de Christ.

Autrement dit, Galates 3.28, pris dans son contexte, ne traite pas des rôles homme-femme, tant au niveau familial qu'au niveau de l'Église. L'égalité des sexes n'est pas le point essentiel. La Bible s'attarde très peu sur l'égalité, mais beaucoup plus sur l'unité. Jésus, en fait, priait pour notre unité, non notre égalité (Jean 17). Peu importe le sexe, la race ou le statut social, l'amour mutuel, l'honneur, le service et l'unité doivent caractériser les membres de la nouvelle famille en Christ. Tous ont également la responsabilité de manifester la vie de Christ les uns envers les autres. La fierté de race, d'héritage, de rang social ou de sexe est un péché et doit être confessé et rejeté comme étant incompatible avec le caractère d'un croyant.

Esclavage et distinctions de sexe

Il est souvent admis que tout comme fut aboli l'esclavage dans le monde occidental suite aux principes chrétiens, les femmes doivent être libérées de la soumission à leur mari et aux anciens de l'Église. Mais le parallèle ne fait pas de ces deux considérations des éléments identiques. Les distinctions de rôle entre les sexes sont basées sur l'ordre immuable de la création (Ge 2) et la rédemption en Christ (Ép 5). Ainsi, lorsque Paul et Pierre parlent d'autorité et de soumission, ils peuvent fonder sans crainte leur enseignement sur l'Écriture et le plan créationnel de Dieu. Ces rôles se veulent être la volonté de Dieu pour les hommes et les femmes.

L'esclavage, par contre, ne faisait pas partie de l'ordre original de la création. Il est une invention de l'homme. Dieu a permis l'esclavage tout comme il a permis le divorce (Mt 19.8). Les apôtres ont donné des instructions pour guider les maîtres et esclaves croyants qui faisaient partie du présent ordre social. Cependant les instructions de Paul ont élevé le statut des esclaves lorsqu'il déclare : « Maîtres, accordez à vos serviteurs ce qui est juste et équitable, sachant que vous aussi vous avez un maître dans le ciel » (Col 4.1). L'apôtre rappela à Philémon, qui avait été un esclave chrétien, que son esclave nouvellement converti, Onésime, était un « frère bien-aimé » et que Philémon devait recevoir Onésime comme il l'aurait fait pour Paul lui-même » (Phm 16, 17).

Paul et Pierre ne défendent pas l'esclavage dans les Écritures comme ils le font pour l'autorité et la soumission. Comme l'esclavage est une institution humaine ne faisant pas partie de l'ordre original de la création comme le mariage, Paul peut dire aux esclaves, « si tu peux devenir libre, profites-en plutôt » (1Co 7.21). L'esclavage et le mariage ne sont pas des institutions comparables.

∎

Questions d'approfondissement

1. En quoi ce que l'on considère des rôles des maris et des femmes au sein du mariage chrétien influence-t-il ce que l'on peut croire de leurs tâches respectives dans l'Église locale ?
2. Quels termes généraux décrivent au mieux les ministères principaux que Dieu a donnés aux femmes ? Citez quelques versets pour justifier vos choix.
3. Est-ce que le fait chez Paul de ne pas permettre aux femmes d'enseigner signifie que les femmes ne peuvent ni enseigner, ni diriger d'autres personnes ? Argumentez votre réponse.
4. Expliquez le débat entre les féministes et les complémentaristes quant à la définition du mot grec (*authenteo*) « prendre autorité sur ». Comment la structure de la phrase aide-t-elle à définir cet important mot grec ?
5. Quels arguments bibliques Paul utilise-t-il pour justifier la restriction des femmes dans l'enseignement et la direction de l'Église locale ?
6. À quels propos Paul fait-il appel dans 1 Corinthiens 14.33b-38 pour soutenir son enseignement sur la soumission des femmes dans l'assemblée chrétienne ?
7. Selon 1 Corinthiens 11, que pouvons-nous apprendre de cette observation : que Dieu est le « chef » de Christ ? En quoi cela a-t-il un impact sur notre compréhension quant à l'autorité de l'homme et la soumission de la femme au sein du mariage ?
8. Quelle preuve importante trouvez-vous dans 1 Corinthiens 11 attestant que l'égalité et les différences de rôle peuvent coexister en harmonie ?
9. En quoi les hommes sont-ils la « gloire de Dieu », et la femme la « gloire de l'homme » ?
10. Que peuvent apprendre les hommes de Paul dans Romains 16 pour ce qui est d'apprécier le travail spirituel de leurs sœurs en Christ ?
11. Listez des ministères spécifiques que les femmes chrétiennes du premier siècle exerçaient.

12. Pourquoi Galates 3.28 est-il si important pour les féministes évangéliques ?
13. Est-ce que Galates 3.28 abolit les distinctions sexuelles ? Si oui, nommez quelques-unes des conséquences pour cette interprétation.
14. Les féministes font une analogie avec l'abolition de l'esclavage pour prôner l'abolition du lien d'autorité et de soumission dans le mariage et dans l'Église. Ce parallèle est-il approprié ? Si non, pourquoi ?
15. Qu'avez-vous appris de nouveau dans ce chapitre ? En quoi cela vous aidera-t-il à redéfinir votre réflexion et vos actions ?

Chapitre 5

Jésus-Christ et ses apôtres ont parlé clairement

« Ce que tu m'as appris jusqu'ici a tout l'air d'être vrai mais lorsque je discute avec mes amis féministes à l'école, ils m'accusent constamment d'interpréter la Bible de façon trop littérale et trop simpliste. »

« Tu touches là un point essentiel, Tom. J'ai tellement d'estime pour la Bible que je ne peux me permettre de la considérer à la légère, encore moins d'en forcer l'interprétation ou d'expliquer un enseignement dont le sens est évident par des arguments erronés d'ordre culturel. »

« Je comprends exactement ce que tu veux de dire » répondit Tom. « J'ai entendu les interprétations féministes qui sont des conceptions totalement erronées. Mais quelle est la solution ? Comment pouvons-nous réellement savoir si nous interprétons la Bible correctement ? »

« Tom, tous ceux qui croient les Écritures affirment que la Bible est la voix par laquelle Dieu s'adresse à nous, ou comme J. I. Packer le fait remarquer : "La Bible, c'est Dieu qui prêche" Aussi, dans l'étude que nous venons de mener ensemble, nous avons permis à Dieu de nous parler. Nous avons laissé l'Écriture aborder ce qu'il se doit de manière simple, naturelle et stricte. De plus, nous avons permis à la Parole de Dieu dans son entier de nous parler en ayant respecté le contexte et la culture dans lesquels se trouvaient les passages clés. Bref, nous nous sommes servis des principes d'interprétation de la Bible, lesquels sont bons, sensés, et ont passé l'épreuve du temps. »

« Peux-tu me parler un peu plus de ces principes ? » demanda Tom.

« Certainement. Voici ce pourquoi je crois que nous, les complémentaristes, avons permis aux Écritures de s'exprimer et pourquoi nous pouvons être certains d'avoir interprété la Bible avec exactitude. »

Nous avons laissé Jésus parler et agir pour lui-même

Jésus-Christ, après avoir prié, choisit douze apôtres hommes conformément à la volonté de Dieu le Père. Jésus connaissait très bien les conséquences à long terme qu'aurait ce choix. Il n'a pas cédé à la vague de son époque lorsqu'il a choisi des hommes pour être les pierres de la fondation éternelle de son Église (Mt 19.28 ; Ép 3.20 ; Ap 21.14). Non seulement Jésus a choisi des hommes comme apôtres lors de son passage sur la terre, mais après sa résurrection, lorsqu'il était assis à la droite de Dieu dans les cieux, il choisit personnellement Matthias pour remplacer Judas, et Paul, « un prédicateur et apôtre... pour instruire les païens » (1 Ti 2.7).

> *Jésus connaissait très bien les conséquences à long terme qu'aurait son choix d'avoir des apôtres de sexe masculin.*

Comme les féministes ne sont pas d'accord avec le choix de Jésus quant à ne prendre que des apôtres hommes, ils se sentent contraints d'en donner une excuse. Pour justifier cette situation embarrassante, ils disent que le temps n'était pas approprié pour que le choix puisse se porter sur des femmes. Ils affirment que Jésus devait agir en fonction du courant qui prévalait en ce temps-là ou être rejeté. Mais la Bible ne suggère pas cela. En formulant cette hypothèse, les féministes remettent en question le tempérament et les choix de Jésus. Ils le rendent impertinent dans le débat sur les sexes. Sur ce point, tout au moins, ils font insulte à son courage et à son intégrité.

Nous laissons l'Écriture parler entièrement pour elle-même

La Bible, dans son entier, enseigne l'égalité des sexes et les différences dans leurs rôles. Elle contient des passages distincts qui enseignent ces deux aspects. Il faut laisser tous ces textes parler avec une pleine autorité et les faire participer au processus d'interprétation.

Le fait d'enlever un seul passage dans le débat sur les sexes revient à tordre l'enseignement au complet de l'Écriture. Le meilleur commentaire de la Bible est la Bible elle-même, et si nous permettons à l'Écriture dans son intégralité de parler pour elle-même et de s'interpréter, il nous faudra conclure que l'Écriture enseigne et l'égalité des sexes et leurs différences. *Les complémentaristes acceptent ces deux vérités comme étant toute la vérité.*

Féministes et non féministes s'entendent pour dire que la Bible enseigne qu'hommes et femmes sont créés égaux, à l'image de Dieu, et sont donc égaux en dignité, en valeur et en tant que personne. Mais ils ne s'entendent pas sur les textes qui enseignent l'autorité et la soumission ou la relation d'autorité et d'aide qui existe entre les deux composantes de l'humanité. La majeure partie du débat tourne donc autour de l'interprétation de ces textes.

> *Les féministes opposent un ensemble de textes qui parlent de la soumission de la femme à un autre ensemble de textes qui parlent de l'égalité des femmes et ils choisissent ces derniers pour dire que cela représente toute la vérité, ce qui revient à la tordre. De leur côté, les complémentaristes acceptent les deux vérités comme étant toute la vérité.*

Les féministes se préoccupent seulement de l'égalité des sexes alors que Dieu se préoccupe autant de leur égalité que de leurs différences. Étant donné que les féministes rejettent la direction et la soumission bibliques, ils prônent une demi-vérité. Ils opposent un ensemble de textes qui parlent de la soumission de la femme à un autre ensemble de textes qui parlent de l'égalité hommes-femmes et ils choisissent ces derniers pour laisser entendre que cela représente toute la vérité, ce qui revient à la tordre immanquablement.

Les féministes admettent qu'il y a des versets plutôt dérangeants, « obscurs », qui semblent enseigner l'autorité et la soumission, mais une étude approfondie de la Bible, font-ils remarquer, enseigne l'égalité et a de ce fait priorité sur les quelques versets inconvenants. Mais leurs affirmations sonnent faux. Sept textes didactiques (ou enseignements) spécifiques inculquent l'autorité et la soumission : 1 Pierre 3.1-7 ; Éphésiens 5.22-33 ; Colossiens 3.18, 19 ; 1 Timothée 2.8-15 ; Tite 2.4, 5 ; 1 Corinthiens 11.1-16 ; 14.34-38. Ce ne sont pas des passages isolés, ni des textes obscurs. Ils jouent le rôle de fondements doctrinaux qui traitent intentionnellement des relations homme-femme et des rôles respectifs attribués à chacun dans le foyer et dans l'Église. De plus ils affirment avec force, en faisant référence au récit de la création de Genèse 2 et à l'histoire de la rédemption de Christ et de son Église, qu'autorité et soumission sont voulues de Dieu.

Lorsque nous regardons l'ensemble du Nouveau Testament, nous reconnaissons assez facilement la véracité de ces sept passages clés mise en pratique. Nous avons pour exemple Jésus qui a choisi douze hommes comme apôtres. Les dirigeants et prédicateurs mentionnés dans le livre des Actes sont tous des hommes : Pierre, Jean, Barnabas, Étienne, Philippe, Paul, Jacques le frère de Jean, Jacques le frère du Seigneur, Silas, Timothée et Apollos. Les cinq docteurs et prophètes de l'église d'Antioche cités par Luc sont des hommes : Barnabas, Siméon, Lucius, Manahen et Saul (Ac 13.1). Le grand apôtre des païens n'est autre que Paul. Tous les auteurs des Ancien et Nouveau Testament sont des hommes.

En dépit de ces exemples et des commandements directement liés à l'autorité et à la soumission, un féministe et commentateur évangélique reconnu affirme que « le Saint-Esprit "ferme les yeux sur la spécificité des sexes" ».[124] N'est-ce pas l'érudit lui-même qui se ferme les yeux ?

En fait, les féministes « poussent » la Bible à être en conflit avec elle-même. Ils créent désaccords et confusion. Si l'on permet aux Écritures de parler pour elles-mêmes et de s'interpréter comme tel, elles enseignent sans détours l'égalité des sexes et les distinctions spécifiques de rôle basées sur des profils bien déterminés.

Nous laissons à la Bible le soin de donner elle-même toute sa signification

Nous affirmons que l'interprétation littérale et le sens clair de la Bible mènent à la conclusion que Jésus et ses apôtres ont enseigné l'égalité des sexes et les différences de rôle en fonction du sexe. De la manière la plus naturelle et la plus directe qui soit, le Nouveau Testament insiste formellement quant à l'obligation d'une relation d'autorité-soumission entre chrétiens et chrétiennes. Par exemple, les trois mots clés du Nouveau Testament que nous avons étudiés, « tête », « soumission » et « prendre autorité sur », lorsqu'ils sont normalement considérés dans leur contexte, affirment la doctrine d'autorité-soumission et rejettent en bloc le féminisme biblique qualifié de faux et de trompeur. Non seulement les apôtres Paul et Pierre parlent expressément de cette doctrine, mais ils la proclament puissamment et avec ferveur, appuyant l'application universelle et intemporelle de leur enseignement sur l'ordre créationnel voulu dès les origines et l'ordre rédempteur (Ép 5.23-32 ; 1Co 11.3). Dieu n'aurait pu être plus clair et catégorique dans l'expression de sa volonté sur le sujet.

Les protestants ont toujours cru que de simples croyants pouvaient comprendre le sens général et premier des Écritures. Les auteurs inspirés de la Bible voulaient se faire comprendre ; ils n'essayaient pas d'être ésotériques, encore moins de faire des jeux de mots à destination de leurs lecteurs. Ils ont écrit dans un langage intelligible afin de communiquer les paroles de Dieu de manière à ce qu'elles soient comprises par des gens ordinaires. Un théologien souligne avec justesse que l'interprétation simple et littérale de l'Écriture « est le moyen de base par lequel nous laissons Dieu être Dieu et le laissons nous parler ».[125] De plus, par l'interprétation simple (littérale) des Écritures, nous sommes capables de vérifier et de dénoncer les fausses croyances et des doctrines ayant pour fond un semblant de vérité, qui sont construites à partir de méthodes d'interprétation erronées.

Ajoutez à cela le fait que l'enseignement du Nouveau Testament quant aux sexes est une doctrine simple. Elle n'est pas à l'image des doctrines qui concernent la prophétie ou la Trinité. Il s'agit d'un fondement élémentaire pour la vie de tous les jours. Tous les croyants devraient être capables de comprendre, au moins dans sa forme la plus générale, ce que la Bible enseigne sur l'autorité et la soumission. Il n'est pas nécessaire d'avoir des doctorats ou d'être un spécialiste de l'herméneutique (la science de l'interprétation) pour comprendre l'autorité et la soumission.

Toutefois, les féministes évangéliques ont créé un véritable cauchemar, semant le trouble sur le sujet. Ils emploient diverses méthodes pour la compréhension des textes et ne peuvent s'entendre entre eux quant à un unique procédé d'interprétation pour pouvoir déformer à leur guise les passages relatifs à l'autorité – et à la soumission. Le seul point sur lequel ils s'accordent de manière unanime est que ces textes ne peuvent signifier ce qu'ils disent.

L'implication et le danger du féminisme évangélique se trouvent dans leurs méthodes d'interprétation de la Bible.

Les interprètes féministes nient par conséquent la signification simple et directe des Écritures et déclarent l'interprétation littérale des passages sur l'autorité-soumission comme simpliste et traditionnelle. En d'autres termes, ils affirment que la Bible n'est pas compréhensible pour des gens ordinaires.

L'implication et le danger du féminisme évangélique se trouvent dans leurs méthodes d'interprétation de la Bible. De tels procédés minent sérieusement la crédibilité, l'intégrité et l'autorité de la Parole écrite par Dieu. Ils font de la Bible un livre tout à fait déroutant, un casse-tête insoluble. Les prochaines générations hériteront des dommages faits à la crédibilité des Écritures à mesure que d'autres doctrines erronées verront le jour par ces nouvelles méthodes d'interprétation qualifiées de malignes.

La Bible ne dit pas une chose pour en signifier une autre. Elle dit sans détours ce qu'elle veut faire entendre. Lorsque la Bible n'est pas respectée au sens littéral, comme le font les féministes, il ne nous reste que des maladresses. Qui pourrait croire en la Bible si celle-ci disait une chose qui en signifierait une autre ?

Nous laissons les passages clés s'exprimer pour eux-mêmes

Pour adopter une position doctrinale, il faut d'abord se pencher sur les passages clés, c'est-à-dire fondamentaux, et sur les livres de l'Écriture qui en font état. Par exemple, on trouvera les textes fondateurs de la doctrine du salut dans les Épîtres aux Romains et aux Galates. Les complémentaristes étayent leur doctrine sur les sexes à partir de passages substantiels qui parlent systématiquement et directement des hommes et des femmes, au foyer ou à l'Église. Il existe sept textes incontournables pour engager la réflexion sur le sujet : 1 Corinthiens 11 et 14 ; Éphésiens 5 ; Colossiens 3 ; 1 Timothée 2 ; Tite 2 ; et 1 Pierre 3. Ces passages enseignent l'égalité des sexes et les différences de rôle qui leur sont attribuées.

> *Pour adopter une position doctrinale, il faut d'abord se pencher sur les passages clés, c'est-à-dire fondamentaux, et sur les livres de l'Écriture qui en font état.*

Contrairement à cela, les féministes évangéliques font tout ce qui est en leur pouvoir pour réduire ces textes à néant. Ils prétendent que les sept passages spécifiques qui concernent l'autorité et la soumission sont « obscurs », « isolés », « problématiques », « un vrai casse-tête », « culturellement limités », « non authentiques » ou qu'ils devraient être interprétés « à la lumière de Galates 3.28 » qu'ils considèrent comme étant le verset le plus clair, le plus pertinent d'un point de vue théologique. Les interprètes féministes déclarent la guerre ouverte à chaque mot, chaque expression, chaque phrase ou chaque livre qui mentionne l'autorité et la soumission. Ils se servent librement de n'importe quel passage en agitant leur baguette magique de ce siècle pour déclarer le texte « trop culturel », « temporaire » ou comme étant « une coutume antique », ce qui, insistent-ils, le qualifie d'irrecevable pour notre époque. Rebecca Groothuis, par exemple, insiste pour dire que les passages qui enseignent l'autorité et la subordination ont été « un compromis temporaire quant à des différences fonctionnelles entre hommes et femmes relevant des anciennes cultures patriarcales ».[126]

Toutefois, les sept passages sur la soumission et l'autorité qui sont mentionnés plus haut ne sont pas des textes isolés, obscurs, et n'ont pas non plus de connotation culturelle. Ils constituent les fondements nécessaires pour pouvoir adopter une position doctrinale complète sur les sexes. Ce sont des passages didactiques, des éléments incontournables dans la façon d'être un homme ou une femme pour les rachetés de la Nouvelle Alliance.

Ce qui peut encore torturer les complémentaristes est le fait que le *Nouveau Testament soit absolument clair dans ses déclarations répétées et cohérentes quant à l'autorité et la soumission.* Remarquez encore une fois les expressions clés qui sont utilisées dans les passages fondamentaux :

« *femmes, soyez soumises à vos maris* » … « *Ainsi se paraient autrefois les saintes femmes… étant soumises à leurs propres maris* » … « *demeurez avec elles selon la connaissance, comme avec un vase plus faible, c'est-à-dire féminin* » (1Pi 3.1, 5, 7, version Darby)

« *Femmes, soyez soumises à vos maris, comme au Seigneur* » … « *le mari est le chef de la femme, comme Christ est le chef de l'Église* » … « *de même que l'Église est soumise à Christ, les femmes aussi doivent l'être à leurs maris en toutes choses* » … « *Maris, aimez vos femmes* » (Ép 5.22-25)

« *Femmes, soyez soumises à vos maris, comme il convient dans le Seigneur* » … « *Maris, aimez vos femmes* » (Col 3.18, 19)

« *Que la femme écoute l'instruction en silence, avec une entière soumission* » … « *Je ne permets pas à la femme d'enseigner, ni de prendre de l'autorité sur l'homme* » (1Ti 2.11, 12)

« *apprendre aux jeunes femmes à être… soumises à leurs maris* » (Tit 2.5)

« *l'homme est le chef de la femme* » … « *il est l'image et la gloire de Dieu, tandis que la femme est la gloire de l'homme* » (1Co 11.3, 7)

« *que les femmes… soient soumises* » (1Co 14.34).

De plus, *les apôtres emploient les arguments les plus forts qui puissent être pour traduire l'autorité et la soumission* : (1) les lois créationnelles de la Genèse, (2) la pratique universelle des Églises, (3) l'ordre dans la Trinité, (4) le commandement de Jésus-Christ, et (5) la relation entre Christ et son Église. Paul est inflexible au sujet de l'autorité et de la soumission. En fait, il est beaucoup plus ferme sur ce thème que n'importe lequel d'entre nous chercherait à l'admettre. Encore une fois, remarquez les puissants arguments utilisés pour soutenir cette doctrine :

« *Ainsi se paraient autrefois les saintes femmes, …soumises à leurs maris* » … « *comme Sara, qui obéissait à Abraham* » *(1Pi 3.5, 6)*

« *soyez soumises à vos maris, comme au Seigneur* » … « *le mari est le chef de la femme, comme Christ est le chef de l'Église* » … « *de même que l'Église est soumise à Christ, les femmes aussi doivent l'être à leurs maris* » … « *aimez vos femmes, comme Christ a aimé l'Église* » *(Ép 5.22-25)*

« *Femmes, soyez soumises à vos maris, comme il convient dans le Seigneur* » *(Col 3.18)*

« *Car Adam a été formé le premier, Ève ensuite* » … « *ce n'est pas Adam qui a été séduit, c'est la femme qui, séduite, s'est rendue coupable de transgression* » *(1Ti 2.13, 14)*

« *Je veux cependant que vous sachiez que Christ est le chef de tout homme, que l'homme est le chef de la femme, et que Dieu est le chef de Christ.* » … « *il est l'image et la gloire de Dieu, tandis que la femme est la gloire de l'homme.* » … « *En effet, l'homme n'a pas été tiré de la femme, mais la femme a été tirée de l'homme* » … « *l'homme n'a pas été créé à cause de la femme, mais la femme a été créée à cause de l'homme* » … « *Si quelqu'un se plaît à contester, nous n'avons pas cette habitude, non plus que les Églises de Dieu.* » *(1Co 11.3, 7-9, 16)*

« *Comme dans toutes les Églises des saints* » ... « *qu'elles soient soumises, comme le dit aussi la loi* » ... « *ce que je vous écris est un commandement du Seigneur* » ... « *si quelqu'un l'ignore, qu'il l'ignore* » *(1Co 14.33, 34, 37, 38).*

Et pourtant, certains féministes parlent de cette doctrine comme si elle n'avait jamais existé parmi les apôtres et considèrent que pratiquement tous les chrétiens, à compter de la période néo-Testamentaire jusqu'à nos jours, ont mal interprété les apôtres, sauf, bien sûr, les féministes eux-mêmes. Ils contredisent de façon notoire ce qui est évident. Ils veulent absolument réinterpréter les passages fondamentaux afin de souligner la neutralité entre les sexes. Ce n'est rien d'autre que de l'interprétation biaisée sur ce qu'il faut entendre des spécificités des sexes. D. A. Carson, professeur de recherche sur le Nouveau Testament au Trinity Evangelical Divinity School, exprime parfaitement ce que croient plusieurs complémentaristes lorsqu'il écrit : « Nous faisons face à une idéologie qui est tellement sûre d'elle-même qu'entre les mains de certains, du moins, le texte ne peut parler pour lui-même ».[127]

> *Les apôtres emploient les arguments les plus forts qui puissent être pour traduire l'autorité et la soumission :*
> *1. les lois créationnelles de la Genèse,*
> *2. la pratique universelle des Églises,*
> *3. l'ordre dans la Trinité,*
> *4. le commandement de Jésus-Christ, et*
> *5. la relation entre Christ et son Église.*
> *Paul est inflexible au sujet de l'autorité et de la soumission.*

Questions d'approfondissement

1. Que signifie le mot *herméneutique* ? Utilisez un dictionnaire pour pouvoir y répondre.
2. Pourquoi les méthodes d'interprétation sont-elles devenues le point central du débat sur les sexes ?
3. À quelle « baguette magique » les féministes font-ils appel pour la compréhension des versets avec l'espoir d'en gommer les effets pour nos contemporains ? Citez un exemple parmi les sept passages qui font l'objet de notre étude.
4. Selon vous, qui a le mieux interprété les raisons pour lesquelles Jésus a choisi des hommes comme apôtres, les complémentaristes ou les féministes ? Justifiez votre réponse.
5. Pourquoi est-il nécessaire de considérer l'Écriture dans son ensemble pour cerner toute doctrine en son sein avec justesse ? Donnez-en les raisons.
6. Qu'entend-on par sens littéral et premier de l'Écriture ? Pour interpréter la Bible, pourquoi est-il toujours nécessaire d'en rechercher la signification première ?
7. En quoi les méthodes d'interprétation employées par les féministes nuisent-elles à la crédibilité, l'intégrité et l'autorité de la Parole écrite par Dieu ?
8. L'auteur affirme : « Les prochaines générations hériteront des dommages faits à la crédibilité de la Bible à mesure que d'autres doctrines erronées verront le jour par ces nouvelles méthodes d'interprétation qualifiées de malignes ». Énumérez d'autres doctrines que celle ayant trait aux spécificités humaines qui selon vous risqueraient d'être également redéfinies et réinterprétées dans le futur dans le but d'être plus acceptables pour l'ensemble de la société séculière.
9. Que veut dire l'auteur lorsqu'il parle des « passages fondateurs » d'une doctrine ?
10. Citez des sept passages clés du Nouveau Testament se rapportant aux distinctions des sexes (sur la thématique de l'autorité et de la soumission), deux textes que vous jugerez des plus convaincants ? Justifiez votre choix.

11. À quelle preuve feriez-vous appel pour démontrer l'inflexibilité de Paul quant à la doctrine d'autorité-soumission ?
12. Après avoir lu le chapitre cinq, croyez-vous que les complémentaristes aient interprété les Écritures de manière trop simpliste, comme l'attestent les féministes ? Étayez votre réponse.
13. Qu'avez-vous appris de nouveau qui vous aiderait à redéfinir votre réflexion et vos actions ?

Chapitre 6

Prenez courage et demeurez fermes dans votre foi

« Je suis content que nous ayons pris le temps d'étudier les Écritures ensemble » dit Tom. « Je n'avais pas réalisé combien la Bible parlait à ce point sur les sexes. J'ignorais tout de sa transparence sur le sujet. C'est ce qui m'a le plus impressionné ».

« Tom, permets-moi de te répéter ce que j'ai dit tout au long de cette étude. Si on laisse la Bible parler pour elle-même, elle enseigne de manière claire que Dieu a créé l'homme et la femme égaux, et à son image, mais différents dans leurs rôles respectifs. C'est tordre les Écritures que d'en éliminer les données qui concernent à juste titre ces spécificités. ».

« Tu as raison, mais les gens croient si fortement à l'égalité des sexes qu'ils n'acceptent pas les différences de rôle et peu importe qui en parle ».

« Je sais ! Nous faisons face à une vague d'opinions qui déferle sur le monde entier. »

« C'est difficile d'aller contre la vague », répliqua Tom.

« Oui, mais nous avons été appelés pour croire en Jésus-Christ et en sa Parole, non à l'opinion populaire. »

« Prie afin que je puisse trouver le courage et la fermeté devant autant de croyances. »

« Je le ferai. Voici pour terminer quelques réflexions pour t'exhorter et fortifier ta foi. »

Premièrement, si vous croyez que Dieu a créé homme et femme égaux mais également différents, vous vous trouvez sur la voie franche et honnête de la connaissance biblique. Vous croyez en ce que la Bible annonce. Vous laissez Dieu parler pour lui-même et la Bible expliquer ce qu'elle veut nous enseigner. Vous soulignez en quelque sorte la crédibilité de la Bible. Vous croyez ce que le peuple de Dieu croit depuis les origines. Vous marchez dans les traces de Jésus-Christ et de ses apôtres. Alors, prenez courage, « Le ciel et la terre passeront », a dit Jésus, « mais mes paroles ne passeront point » (Mt 24.35).

Deuxièmement, certains érudits chrétiens très estimés dans le milieu évangélique dénoncent vivement les méthodes d'interprétation précaires et les conclusions élaborées par d'éminents féministes. Ils sortent des livres passionnants, écrivent des articles de journaux qui défient les forteresses féministes et confirment le vrai message que la Bible enseigne, à savoir l'autorité et la soumission. Si vous avez l'esprit suffisamment ouvert et que vous recherchez la vérité biblique sur les sexes, de nouvelles informations sont maintenant à votre disposition.[128] Alors, « Efforce-toi de te présenter devant Dieu comme un homme éprouvé, un ouvrier qui n'a point à rougir, *qui dispense droitement la parole de la vérité* ». (2 Ti 2.15 ; italiques pour souligner).

Troisièmement, malgré la pression culturelle très forte de vouloir supprimer les différences de rôle définies selon le sexe et voulues de Dieu, des millions d'Églises locales et de leaders chrétiens du monde entier refusent vigoureusement de plier le genou devant la fausse idole qu'est l'égalitarisme. Ils refusent d'accepter les notions féministes d'égalité, non parce qu'ils sont des littéralistes entêtés, des traditionalistes aveugles ou du fait qu'ils auraient peur des femmes, mais tout simplement parce que Dieu déclare autre chose. Ils considèrent également ce débat pour ce qu'il est vraiment, une bataille spirituelle pour conserver le plan souverain du Créateur pour le mariage, la famille, l'Église, et la masculinité et la féminité selon Dieu :

« Car nous n'avons pas à lutter contre la chair et le sang, mais contre les dominations, contre les autorités, contre les princes de ce monde de ténèbres, contre les esprits méchants dans les lieux célestes » (Ép 6.12).

Prenez courage en regardant à la force, à la foi et au courage inflexible de vos frères et sœurs pour suivre la Parole du Seigneur, et ne pas vous laisser influencer par la culture.

Quatrièmement, ceux qui suivent le plan de Dieu pour le mariage bâtiront des couples plus heureux, plus forts, et leurs enfants en bénéficieront. Ceux qui connaissent son dessein pour les foyers et les distinctions de sexe pourront préserver leur famille malgré une culture sécularisée hyper saturée de rébellions contre les lois de Dieu, remplie de promiscuité sexuelle, de divorce, de foyers sans pères, de mensonges, de solitude et de cœurs brisés. De plus, suivre ce plan pour les deux sexes, préservera les églises affermies d'un point de vue doctrinal et leur permettra de grandir selon le dessein de Dieu. Je rapporte donc, comme le Seigneur le fit à Josué : « Que ce livre de la loi ne s'éloigne point de ta bouche ; médite-le jour et nuit, pour agir fidèlement selon tout ce qui y est écrit ; car c'est alors que tu auras du succès dans tes entreprises, c'est alors que tu réussiras. » (Jos 1.8).

Cinquièmement, les complémentaristes ne cesseront pas d'implorer nos frères et sœurs féministes. Les mentalités ont changé. Contrairement aux féministes libéraux séculiers versés dans la théologie, les féministes évangéliques croient que l'Éternel est l'auteur des Écritures et que celles-ci constituent le livre de Dieu. Nous disposons donc d'un terrain d'entente sur lequel nous pouvons continuer à communiquer et orienter le débat. Ainsi, nous supplions nos frères et sœurs féministes et les avertissons comme nous l'aurions fait à des amis. Les meilleurs esprits peuvent être aveuglés par la philosophie égalitariste qui paraît juste mais qui contredit la décision du Créateur de faire les gens comme il a voulu les faire.

Sixièmement, ceux qui suivent le plan de Dieu pour les sexes, le mariage et l'Église glorifient Dieu. En suivant son dessein, ils lui donnent le droit d'être le Seigneur de sa création. Cela ne peut que toucher l'Éternel, et rien n'est plus important pour son enfant que de faire sa joie.

Index

Aide ('ezer) 33, 65
Annan, Kofi 20
Apollos 137, 153
Apôtre 49, 150
Aquilas 132, 137
Baldwin, Scott 113
Banks, Robert et Julia 108
Barrett, C.K. 93
Baugh, S.M. 164
Best, Ernest 89
Bilezikian, Gilbert 30
Blue, Brad 136
Brown, Harold O.J. 8
Carson, D.A. 27, 159
Christians for Biblical Equality 16
Clark, Stephen B. 24, 64, 104, 111
Cleaver, Richard 142
Conférence mondiale sur les droits de l'homme 20

Cottrell, Jack 30, 37, 45, 56, 141
Council for Biblical Manhood and Womanhood 15
De Beauvoir, Simone 55
Diaconesses 137
Divinités féminines 47-48
Dunn, James D.G. 135
Ehrenreich, Barbara 21
Erickson, Millard J. 8
Esclavage 20, 145
Évodie 135
Ève 25, 31, 37, 45, 88, 114
Fee, Gordon D. 119, 153
Gaebelein Hull, Gretchen 50
Gallup, George Jr. 8
Gasque, Ward 36
Glaser, Chris 142
Goldberg, Steven 31
Gooding, David 125

Green, Joel B. 81
Grenz, Stanley J. 137
Groothuis, Rebecca 29, 45, 81, 156
Grudem, Wayne 65, 67, 81, 93, 164
Harper, Michael 33, 56, 129
Hendricks, William 94
Homosexualité 142
Hurley, James B. 82
Johnson, S. Lewis Jr. 125
Junias 134
Kassian, Mary 84, 98
Keener, Craig S. 113
Kelly, J.N.D. 109
Kidner, Derek 28
Knight, George III 77, 89, 109, 138
Kostenberger, Andreas J. 105, 113
Loi 52, 117-119, 140
Lewis, Robert 94, 125
Lincoln, Andrew T. 77
Lloyd-Jones, David Martyn 83, 87
Luther, Martin 7
Lydie 135-136
MacArthur, John Jr. 85
MacFarquhar, Emily 19
Manchester, William 7
Martin, Ralph P. 91
Michaels, J. Ramsey 71
Morris, Leon 120
Mouser, Barbara K. 127-128
Mouser, William 48, 127
Murray, John 135
Mystère 88
Neuer, Werner 37, 40, 54, 84
Noll, Stephen F. 154
O'Brien, Peter 91
Ortlund, Raymond Jr. 27

Ostling, Richard N. 7
Pache, René 9
Packer, J. I. 149
Parure de la femme 68, 109
Patterson, Dorothy 96
Paul 24, 62, 74, 83, 90, 107, 131, 145
Phœbé 131-132
Piper, John 84, 93
Poythress, Vern 27
Prendre de l'autorité (*authenteo*) 112
Priscille 137
Ross, Allen P. 35
Schreiner, Thomas R. 105, 109
Seneca Falls Convention 55
Soumission 62-71, 74-80, 82-85, 90, 94, 97, 105, 110, 117-119, 121
Soumission mutuelle 65, 77-78
Spencer, Aida Besancon 45, 113
Stewart Van Leeuwen, Mary 29
Stott, John 109
Strauch, Alexander 138
Syntyche 135-136
Tête (*kephale*) 65, 80, 82
Trinité 62, 154, 158
United Nation's Human Development Report 20-21
Vasey, Michael 142
Vine, W.E. 88
Vision complémentariste 13
Vision féministe évangélique 15
Waltke, Bruce 142
Walvoord, John F. 45
Weinrich, William 84, 89
Wenham, Gordon J. 37-38
Whitney, Donald 8

Notes

1 - William MANCHESTER, « A World Lit Only By Change », *U. S. News & World Report* (25 octobre 1993), 6.

2 - Richard N. OSTLING, « The Second Reformation, » *Time* (23 novembre 1992), 53.

3 - Donald S. WHITNEY, *Spiritual Disciplines for the Christian Life* (Colorado Springs : Nav Press, 1991), 28. L'information de Whitney est tirée d'un sondage Gallup de 1980 dans *Christianity Today*. Voir Harold O. J. BROWN, « What's the Connection Between Faith and Works ? » *Christianity Today* (24 octobre 1980), 26-29.

4 - George GALLUP, Jr., Robert BEZILLA, *The Role of the Bible in American Society*, à l'occasion du 50e anniversaire de la National Bible Week, du 18 au 25 novembre 1990 (Princeton : The Princeton Religion Research Center, 1990).

5 - « La lecture de Bible diminuera au cours des prochaines années. Par conséquent, les gens seront moins à même de prendre la Bible comme leur autorité en matière de foi et de pratique. Sur quoi se fieront-ils alors ? Bien qu'il y ait plusieurs possibilités, une des plus probables est l'expérience personnelle » (Millard J. ERICKSON, *Where is Theo-*

logy Going ? : *Issues and Perspectives on the Future of Theology* [Grand Rapids : Baker, 1994], 100).

6 - René PACHE, *L'Inspiration et l'autorité de la Bible*, (Suisse, Éditions Emmaüs, 2e éd. 1967), 201.

7 - Emily MacFARQUHAR, « The War Against Women, » *U. S. News & World Report* (28 mars 1994), 42.

8 - *The United Nations and the Advancement of Women* 1945-1996, The United Nation Blue Books Series, vol. 6 (rev. ed., New York : Department of Public Information, United Nations, 1996), 57.

9 - *The Quotable Kofi Annan* : *Selections from Speeches and Statements by the Secretary-General* (New York : Nations Unies, 1998), 31.

10 - *Human Development Report 1998*, for the United Nations Development Programme (New York : Oxford University Press, 1998), 16.

11 - Ibid., 17.

12 - *The World's Women 1995* : *Trends and Statistics*, Social Statistics and Indicators, Series K, No. 12 (New York : United Nations, 1995), 151-175 ; *Human Development Report 1998*, pour le programme de développement des Nations Unies (New York : Oxford University Press, 1998), 25.

13 - *Human Development Report 1993*, pour le programme de développement des Nations Unies (New York : Oxford University Press, 1993), 31.

14 - Ibid., 17.

15 - Barbara EHRENREICH, « For Women, China Is All Too Typical, » *Time* (18 septembre 1995), 130.

16 - Stephen B. CLARK, *Man and Woman in Christ* : *An Examination of the Roles of Men and Women in Light of Scripture and the Social Sciences* (Ann Arbor : Servant, 1980), 5.

17 - Si vous avez des questions sur la traduction de la Bible et le langage d'inclusion des sexes, lisez Wayne GRUDEM, *What's Wrong with Gender-Neutral Bible Translations?* (Libertyville : CBMW, 1997) ; Vern POYTHRESS, « Searching Instead for an Agenda-Neutral Bible, » *World* (21 novembre 1998), 24, 25. Un autre point de vue est proposé par D. A. CARSON, *The Inclusive Language Debate* : *A Plea for Realism* (Grand Rapids : Baker, 1998).

18 - Raymond C. ORTLUND, Jr., « Male-Female Equality and Male Direction : Genesis 1-3, » in *Recovering Biblical Manhood and Womanhood* : *A Response to Evangelical Feminism* (Wheaton : Crossway, 1991), 98.

19 - Derek KIDNER, *Genesis* : *An Introduction and Commentary*, Tyndale Old Testament Commentaries (Downers Grove : InterVarsity, 1967), 65.

20 - Mary STEWART VAN LEEUWEN, *Gender & Grace* : *Love, Work & Parenting in a Changing World* (Downers Grove : InterVarsity, 1990), 42.

21 - Rebecca Merrill GROOTHUIS, *Good News for Women* : *A Biblical Picture of Gender Equality* (Grand Rapids : Baker, 1997), 35.

22 - Gilbert BILEZIKIAN, *Homme - femme vers une autre relation* (Grâce et Vérité, 1992), 27.

23 - Jack COTTRELL, *A Critique of Feminist Biblical Interpretation, Gender Roles & The Bible* : *Creation, the Fall, & Redemption* (Joplin : College Press, 1994), 80.

24 - Ibid., 81.

25 - Steven GOLDBERG, *Why Men Rule* : *A Theory of Male Dominance* (Chicago : Open Court, 1993).

26 - Les féministes ridiculisent l'argument de la primauté dans la création en disant que les animaux auraient autorité sur Adam et Ève parce qu'ils furent créés en premier. Mais cette logique est erronée. Elle compare pommes et poires. Seule l'espèce humaine est le point de la création qui est exposé et expliqué par les auteurs de la Bible. Dieu dit à l'homme, non aux animaux, de régner sur la terre. Les féministes nient l'interprétation du Nouveau Testament de la création d'Adam en premier dont il est parlé en 1 Timothée 2.13.

27 - Michael HARPER, *Equal and Different : Male and Female in Church and Family*, 2nd ed. (London : Hodder & Stoughton, 1997), 22.

28 - Allen P. ROSS, *Creation & Blessing : A Guide to the Study and Exposition of Genesis* (Grand Rapids : Baker, 1988), 150.

29 - Ward GASQUE, « The Role of Women in the Church, in Society and in the Home, » *Priscilla Papers* 2 :2 (Spring 1988), 7.

30 - Werner NEUER, *Man and Woman in Christian Perspective*, trad. Gordon J. WENHAM (Wheaton : Crossway, 1991), 75.

31 - Certains interprètes affirment que ce « désir » est d'ordre sexuel/psychologique pour l'homme malgré la douleur de l'accouchement et même des exigences conjugales. Autrement dit, une femme a besoin d'un homme ; elle est émotionnellement dépendante d'un homme même s'il lui rend la vie difficile. Elle est ainsi facilement victime d'un homme en raison de son désir intense d'en avoir un.

D'autres pensent que le « désir » est un désir normal, affectueux pour son mari, mais ce qu'elle réalisera qu'elle obtiendra en retour n'est pas un amoureux mais un dictateur et un seigneur.

Une interprétation très populaire du mot « désir » est que le « désir » de la femme est un désir avide de posséder ou contrôler son mari. Le désir n'est pas un désir de se soumettre à son mari mais de le diriger, d'essayer d'usurper son autorité. La femme manipule l'homme pour obtenir ce qu'elle veut.

Remarque : il n'est pas dit au mari de dominer sur la femme. On ne peut utiliser ce passage pour justifier l'abus de l'homme sur la femme. Il n'est pas indiqué si sa domination est aimante ou dure.

32 - COTTRELL, Gender Roles & The Bible, 141.

33 - Gordon J. WENHAM, Genesis 1-15, Word Biblical Commentary (Waco : Word, 1987), 82, 83.

34 - L'histoire de Débora est l'exception qui confirme la règle. Voir Juges 4.8, 9 ; 5.2, 7 ; voir És. 3.12.

35 - NEUER, Man and Woman in Christian Perspective, 87.

36 - GROOTHUIS, Good News for Women, 109.

37 - Ibid., 113.

38 - Aida Besancon SPENCER, Beyond the Curse : Women Called to Ministry (Nashville : Thomas Nelson, 1985), 22.

39 - COTTRELL, Gender Roles & The Bible, 166.

40 - John F. WALVOORD, Jesus Christ Our Lord (Chicago : Moody, 1969), 64, 65.

41 - COTTRELL, Gender Roles & The Bible, 168.

42 - William MOUSER, Searching for the Goddess : An Answer to Religious Feminist (Waxahachie : International Council for Gender Studies, 1980), 17.

43 - Gretchen GAEBELEIN HULL, Equal To Serve : Women and Men Working Together Revealing the Gospel (Grand Rapids : Baker, 1987, 1991), 286.

44 - NEUER, Man and Woman, 96.

45 - GROOTHUIS, Good News for Women, 21; Paul Jewett, Man as Male and Female : A Study in Sexual Relationships from a Theological Point of View (Grand Rapids : Eerdmans, 1975), 169.

46 - Tous les apôtres du Nouveau Testament qui sont clairement nommés ne sont pas seulement des hommes mais également des Juifs. Les apôtres, en tant que pierres de fondation de l'Église et de l'Évangile, devaient être Juifs du fait que le salut vient des Juifs ; les païens ont été greffés pour recevoir les promesses de Dieu (Ro. 9.4, 5 ; 11.16-24). Ainsi, Dieu voulait que les premiers apôtres soient des Juifs. Toutefois, les qualifications apostoliques pour être anciens et diacres n'obligeaient pas d'être Juifs pour diriger dans l'Église locale, mais restreignent les femmes d'être des anciens dans l'Église locale (1Ti. 2.11-15).

47 - COTTRELL, *Gender Roles & The Bible*, 205.

48 - HARPER, *Equal and Different*, 38.

49 - CLARK, *Man and Woman in Christ*, 92.

50 - Wayne GRUDEM, « The Myth of Mutual Submission », in *CBMW News* 1 :4 (Octobre 1996), 3.

51 - Wayne GRUDEM, « An Open Letter to Egalitarians, » in *Journal for Biblical Manhood and Womanhood* 3 :1 (Mars 1998), 3.

52 - Wayne GRUDEM, « Wives Like Sarah, and Husbands Who Honor Them, » in *Recovering Biblical Manhood and Womanhood*, 200.

53 - GRUDEM, « The Myth of Mutual Soumission, » 3.

54 - GRUDEM, « An Open Letter to Egalitarians, » 3.

55 - J. Ramsey MICHAELS, *1 Peter*, Word Biblical Commentary (Waco : Word, 1988), 168.

56 - Andrew T. LINCOLN, *Ephesians*, Word Biblical Commentary (Dallas : Word, 1990), 367.

57 - George W. KNIGHT III, « Husbands and Wives as Analogues of Christ and the Church, » in *Recovering Biblical Manhood and Womanhood*, 168.

58 - Ibid., 174.

59 - NEUER, *Man and Woman*, 123.

60 - GROOTHUIS, *Good News for Women*, 150-158.

61 - Pour une étude approfondie de la signification *source* de *kephale*, lire Wayne GRUDEM, « The Meaning *Source* Does Not Exist, » in *CBMW News* 3 :1 (March, 1998) ; aussi « The Meaning of *Kephale* ('Head') : A Response to Recent Studies, » in *Recovering Biblical Manhood & Womanhood*, 425-468; Max TURNER, « Modern Linguistics and the New Testament, » in *Hearing the New Testament* : Strategies for Interpretation, ed., Joel B. GREEN (Grand Rapids : Eerdmans, 1995), 165-174.

62 - Wayne GRUDEM, « The Meaning of 'Head' in the Bible : A Simple Question No Egalitarian Can Answer, » *CBMW News* 1 :3 (Juin 1996), 8.

63 - Ibid., 8.

64 - Ibid., 8.

65 - GRUDEM, « An Open Letter to Equalitarians, » 1, 3.

66 - James B. HURLEY, *Man and Woman in Biblical Perspective* (Grand Rapids : Zondervan, 1981), 147.

67 - D. M. LLOYD-JONES, *Life in the Spirit, in Marriage, Home & Work : An Exposition of Ephesians 5:18 to 6:9* (Grand Rapids : Baker, 1974), 226, 227.

68 - William WEINRICH, « Man and Woman in Christ, » *Lutheran Forum* 29 (Mai 1995), 45.

69 - John PIPER, « A Metaphor of Christ and the Church, » *The Standard* (Février 1984), 29.

70 - Mary A. KASSIAN, *Women, Creation and the Fall* (Wheaton : Crossway, 1990), 59.

71 - William HENDRIKSEN, *Exposition of Ephesians*, New Testament Commentary (Grand Rapids : Baker, 1967), 250.

72 - John MacARTHUR, *Éphésiens* (Cap-de-la-Madeleine, Québec, Éditions Impact, 1999), 384.

73 - D. M. LLOYD-JONES, *Life in the Spirit, in Marriage, Home & Work*, 213.

74 - W. E. VINE, *An Expository Dictionary of New Testament Words*, 4 vols. (Kansas City : Walterick, 1969), 3 : 51.

75 - WEINRICH, « Man and Woman in Christ, » 45.

76 - KNIGHT, « Husbands and Wives as Analogues of Christ and the Church, » 168.

77 - Ernest BEST, *Ephesians*, The International Critical Commentary (Edinburgh : T. & T. Clark, 1998), 559.

78 - Walter BAUER, *A Greek-English Lexicon of the New Testament and Other Early Christian Literature*, 2d. ed., trad. William F. ARNDT, F. Wilbur GINGRICH, rev. F. Wilbur GINGRICH, Frederick W. DANKER (Chicago : University of Chicago, 1979), s. v. « *aneko*, » 66. (Cité ci-après BAUER, A Greek-English Lexicon of the New Testament.)

79 - Peter T. O'BRIEN, *Colossians, Philemon*, Word Biblical Commentary (Waco : Word, 1982), 223.

80 - Ralph P. MARTIN, *Colossians* : The Church's Lord and The Christian's Liberty (Grand Rapids : Zondervan, 1972), 130.

81 - C. K. BARRETT, *The First Epistle to the Corinthians* (New York : Harper, 1968), 156.

82 - John PIPER, Wayne GRUDEM, « An Overview of Central Concerns : Questions and Answers, » in *Recovering Biblical Manhood and Womanhood*, 88.

83 - Robert LEWIS, William HENDRICKS, *Rocking the Roles : Building a Win-Win Marriage* (Colorado Springs : Navpress, 1991), 96, 97.

84 - Dorothy PATTERSON, « The High Calling of Wife and Mother in Biblical Perspective, » in *Recovering Biblical Manhood and Womanhood*, 367.

85 - Ibid., 373.

86 - KASSIAN, *Women, Creation and the Fall*, 83.

87 - CLARK, *Man and Woman in Christ*, 630.

88 - Pour l'étude approfondie de 1 Timothée 2.9-15 par huit érudits évangéliques de renommée démontrant la validité de l'interprétation historique de ce passage, lire *Women in the Church : A Fresh Analysis of 1 Timothy 2.9-15*, publié par Andreas J. KOSTENBERGER, Thomas R. SCHREINER, H. Scott BALDWIN (Grand Rapids : Baker, 1995).

89 - Robert et Julia BANKS, *The Home Church : Regrouping the People of God for Community and Mission* (Sutherland : Albatross Books, 1986), 82.

90 - Thomas R. SCHREINER, « An Interpretation of 1 Timothy 2.9-15 : A Dialogue with Scholarship, » in *Women in the Church*, 120.

91 - J. N. D. KELLY, *The Pastoral Epistles : I Timothy, II Timothy, Titus*, Black's New Testament Commentaries (London : Black, 1963), 67.

92 - George W. KNIGHT III, *The Pastoral Epistles*, New International Greek Testament Commentary (Grand Rapids : Eerdmans, 1992), 136.

93 - John STOTT, *Guard the Truth : The Message of 1 Timothy & Titus* (Downers Grove, InterVarsity, 1996), 84.

94 - CLARK, *Man and Woman in Christ*, 196, 197.

95 - Craig S. KEENER, *Paul, Women & Wives : Marriage and Women's Ministry in the Letters of Paul* (Peabody : Hendrickson, 1992), 109.

96 - SPENCER, *Beyond the Curse*, 88.

97 - Henry Scott BALDWIN, « A Difficult Word : *authenteo* in 1 Timothy 2:12, » in *Women in the Church*, 65-80.

98 - Andreas J. KOSTENBERGER, « A Complex Sentence Structure in 1 Timothy 2:12, » in *Women in the Church*, 81-103.

99 - Il se peut que le verset 33b doive être rattaché au verset 33. Si tel est le cas, le fait que la soumission des femmes ait été la pratique universelle de l'Église est de nouveau indiqué dans les versets 36 à 38. Toutefois, le contexte semble favoriser que le verset 33b soit une introduction de l'enseignement sur la participation des femmes aux réunions d'Église, et non une conclusion à l'effet que « Dieu n'est pas un Dieu de désordre mais de paix » (v. 33).

100 - Gordon D. FEE, *The First Epistle to the Corinthians*, The New International Commentary on the New Testament (Grand Rapids : Eerdmans, 1987), 2.

101 - Ibid., 710.

102 - Leon MORRIS, *The First Epistle of Paul to the Corinthians*, The Tyndale New Testament Commentaries (Grand Rapids : Eerdmans, 1958), 202.

103 - Ibid., 202.

104 - Jack COTTRELL, « Christ : a Model for Leadership and Submission, » in *CBMW News* 2 :4 (Septembre 1997), 8.

105 - Il n'est pas certain si Paul veut dire maris et épouses ou hommes et femmes de façon générale. Le contexte entier favorise la signification plus générale d'hommes et femmes, non de maris et épouses. Paul parle de « tout homme » et « toute femme ». Le point majeur concerne les hommes et les femmes qui prient et qui prophétisent, non les relations familiales. Ce ne sont pas seulement les maris qui sont l'image et la gloire de

Dieu, mais la race humaine. Ce n'est pas exclusivement le mari qui « naît de la femmes » mais la race humaine. De cette façon, 1 Corinthiens 11.2-16 est comme 1 Timothée 2.8-15 où les mots hommes et femmes dans le sens général sont les bons mots à utiliser. Le passage trouverait également une application à la relation mari-femme. Si une femme n'a pas de mari, le principe d'autorité s'appliquerait à son père ou aux anciens de l'Église locale.

106 - Jn 14.28 ; Ph 2.6-11 ; 1Co 11.3 ; 15.28.

107 - S. Lewis JOHNSON, Jr., « Role Distinctions in the Church : Galatians 3.28, » in *Recovering Biblical Manhood and Womanhood*, 164.

108 - David GOODING, « Symbols of Direction and of Glory, » in *Bible Topics 3* (Belfast : Operation O.F.F.E.R., n.d.), 2.

109 - William E. MOUSER, Jr., *Five Aspects of Man : A Biblical Theology of Masculinity* (Mountlake Terrace : Wine Press, 1995), 5.6.

110 - Barbara K. MOUSER, « And the Glory of Man, » in *Five Aspects of Woman : A Biblical Theology of Femininity* : A Study Course Offered by the International Council for Gender Studies (Waxahachie, TX : ICGS, 1997), 5.5.

111 - Barbara K. MOUSER, « Glory of Man, » in *Five Aspects of Woman : A Biblical Theology of Femininity*, Course Supplements, 5.4.

112 - Barbara K. MOUSER, « And the Glory of Man, » in *Five Aspects of Woman : A Biblical Theology of Femininity*, 5.5.

113 - HARPER, *Equal and Different*, 22.

114 - James D. G. DUNN, *Romans 9-16*, Word Biblical Commentary (Dallas : Word, 1988), 888.

115 - BAUER, *A Greek-English Lexicon of the New Testament*, s.v. « prostatis, » 718.

116 - James D. G. DUNN, *Romans 9-16*, 895.

117 - John MURRAY, *The Epistle to the Romans*, The New International Commentary on the New Testament (Grand Rapids : Eerdmans, 1968), 231.

118 - Brad BLUE, « The Influence of Jewish Worship on Luke's Presentation of the Early Church, » in *Witness to the Gospel : The Theology of Acts*, eds., I. Howard Marshall and David Peterson (Grand Rapids, Eerdmans, 1998), 481

119 - Stanley J. GRENZ, Denise Muir KJESBO, *Women in the Church : A Biblical Theology of Women in Ministry* (Downers Grove : InterVarsity, 1995), 83.

120 - George W. KNIGHT III, *The Pastoral Epistles : A Commentary on the Greek Text*, New International Greek Testament Commentary (Grand Rapids : Eerdmans, 1992), 170-172; Alexander Strauch, *The New Testament Deacon : The Church's Minister of Mercy* (Littleton : Lewis and Roth, 1992), 112-126. (*Les anciens qu'en dit la Bible*)

121 - COTTRELL, *Gender Roles & The Bible*, 273.

122 - Chris GLASER, *The Word is Out : The Bible Reclaimed for Lesbians and Gay Men* (San Francisco : Harper, 1994), 3 octobre ; aussi Richard CLEAVER, *Know My Name : A Gay Liberation Theology* (Louisville : Westminster John Knox, 1995), 27; Michael VASEY, *Strangers and Friends : A New Exploration of Homosexuality and the Bible* (London : Hodder & Stoughton, 1995), 198. Le réseau national de chrétiens évangéliques gais et lesbiennes se nomme Evangelicals Concerned.

123 - Bruce WALTKE, « The Relationship of the Sexes in the Bible, » *Crux* 19 (Septembre 1983), 14.

124 - Gordon D. FEE, *Paul's Letter to the Philippians*, The New International Commentary on the New Testament (Grand Rapids : Eerdmans, 1995), 398.

125 - Stephen F. NOLL de Trinity Episcopal School for Ministry, cité par David Briggs dans « Gay Debate Set on Biblical Battlefield, » in *Rocky Mountain News* (27 oct. 1992), 27.

126 - GROOTHUIS, *Good News for Women*, 38.

127 - D. A. CARSON, «'Silent in the Churches' : On the Role of Women in 1 Corinthians 14:33b-36,» in *Recovering Biblical Manhood and Womanhood*, 151.

128 - John PIPER, Wayne GRUDEM, eds., *Recovering Biblical Manhood and Womanhood : A Response to Evangelical Feminism* (Wheaton : Crossway, 1991) ; Mary A. KASSIAN, *Women, Creation and the Fall* (Westchester : Crossway, 1990) ; Wayne GRUDEM, « An Open Letter to Egalitarians, » in *Journal for Biblical Manhood and Womanhood* 3 :1 (March, 1998) ; Jack COTTRELL, *Gender Roles & The Bible : A Critique of Feminist Biblical Interpretation : Gender Roles and the Bible : Creation, the Fall, and Redemption* (Joplin, Mo. : College Press Publishing Company, 1994) ; Wayne GRUDEM, « The Meaning Source Does Not Exist, » *Journal for Biblical Manhood and Womanhood*, 2 :5 (Dec. 1997); Andreas J. KOSTENBERGER, Thomas R. SCHREINER, H. Scott BALDWIN, eds. *Women in the Church : A Fresh Analysis of 1 Timothy 2 :9-15* (Grand Rapids : Baker, 1995) ; S. M. BAUGH, « The Apostle Among the Amazons : A Review Article, » *Westminster Theological Journal* 56 (1994) : 153-171.

Table de matières

7   Préface

11 La controverse

23 Chapitre 1 : Jésus Christ nous ramène à la création

43 Chapitre 2 : Jésus-Christ choisit des hommes pour exercer la direction de son église

61 Chapitre 3 : Par ses apôtres, Jésus-Christ enseigna sur le mariage

103 Chapitre 4 : Par ses apôtres, Jésus-Christ a enseigné l'égalité des sexes et les différences de rôle dans le milieu chrétien

149 Chapitre 5 : Jésus-Christ et ses apôtres ont parlé clairement

163 Prenez courage et demeurez fermes dans votre foi

167 Index

169 Notes

« **Publications Chrétiennes inc.** » est une maison d'édition québécoise fondée en 1958. Sa mission est d'éditer ou de diffuser la Bible ainsi que des livres et brochures qui en exposent l'enseignement, qui en démontrent l'actualité et la pertinence, et qui encouragent la croissance spirituelle en Jésus-Christ.

Pour notre catalogue complet :
www.publicationschretiennes.com

Publications Chrétiennes inc.
230, rue Lupien, Trois-Rivières, Québec, CANADA – G8T 6W4
Tél. (sans frais) : 1-866-378-4023, Téléc. : 819-378-4061
commandes@pubchret.org

www.ingramcontent.com/pod-product-compliance
Lightning Source LLC
Chambersburg PA
CBHW061323040426
42444CB00011B/2754